Inhalt

Die Aufmerksamkeit

Der Kontakt

Die gemeinsame
Wellenlänge

Die Bestätigung

Die fünf Werkzeuge
der Kommunikation

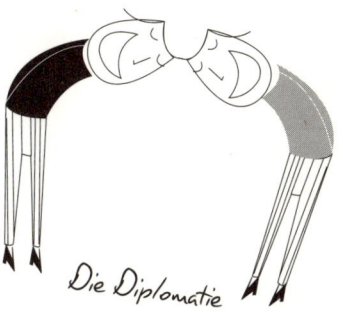

Die Diplomatie

Einleitung

Eine warmherzige und verständnisvolle Kommunikation – wie geht das eigentlich? In den letzten zehn Jahren habe ich eine Menge darüber geschrieben, mit welchen Strategien wir unsere Probleme mit anderen Leuten lösen können. Dabei ging es darum, sich durchzusetzen, die eigenen Interessen zu vertreten und mit den Seltsamkeiten der anderen fertig zu werden. Aber ich habe nie erklärt, wie wir es von Anfang richtig hinbekommen. Wie wir so miteinander reden können, dass daraus gute Beziehungen entstehen. Genau das hole ich in diesem Buch nach.

Hier beschreibe ich, wie wir es schaffen, von vornherein eine gute Verbindung zu einem anderen Menschen aufzubauen. Egal, ob der Betreffende nur zwei Stunden in der Bahn neben uns sitzt. Oder ob es sich um unseren Kollegen handelt, mit dem wir täglich zusammenarbeiten, oder ob es unsere Nachbarin ist, mit der wir Wand an Wand wohnen, oder unser Partner, mit dem wir Tisch, Bett und Badezimmer teilen. Wie entsteht eine gute Beziehung?

Sich mit jemandem gut verstehen – ist das nicht einfach nur ein glücklicher Zufall? Nein, das täuscht. Gute Beziehungen und gegenseitiges Verständnis sind kein Zufall oder pures Glück. Wir alle können bewusst und absichtlich eine gute Kommunikation aufbauen.

In all den Jahren, die ich bereits als Kommunikationstrainerin arbeite, habe ich gelernt, das Einfache zu schätzen. Das, was klar und plausibel ist, ist auch das, was im Alltag funktioniert.

Deshalb beschreibe ich fünf einfache Werkzeuge, die Sie brauchen, um mit anderen Menschen gut auszukommen. Sie brauchen kein Hochschulstudium und keine Spezialausbildung, um sie anzuwenden. Alle fünf Werkzeuge hintereinander ergeben den Stoff, aus dem warmherzige und verständnisvolle Beziehungen entstehen.

Die Aufmerksamkeit

Am Anfang war die Aufmerksamkeit. Egal, ob es sich um ein Gespräch, eine Verhandlung, einen Flirt oder einen Streit handelt – am Anfang heißt es immer: Ich sehe dich. Ich beachte dich. Das ist quasi der Urknall der Kommunikation.

Weil mit der Aufmerksamkeit alles anfängt, ist sie auch das erste Werkzeug, das ich Ihnen hier vorstelle, denn ohne dieses Werkzeug geht nichts.

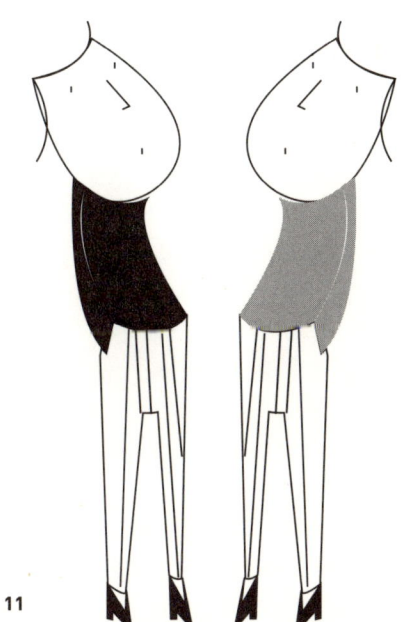

Abb. 1 Aufmerksamkeit für den anderen – damit beginnt jede Kommunikation

11

Jede Beziehung, die Sie zu einem anderen Menschen haben, beginnt damit, dass Sie diesem Menschen Ihre Aufmerksamkeit schenken. Aber so einfach, wie das hier klingt, ist es nicht immer. Vor allem nicht, wenn Sie so ungefähr vierzehn oder fünfzehn Jahre alt sind. Und wenn Sie anfangen, sich für Jungs zu interessieren. Dann wird es richtig kompliziert mit der Aufmerksamkeit.

Du gefällst mir, deshalb guck ich weg

DIE INTERESSANTEN JUNGS DURFTE MAN NICHT ZU LANGE AN-GLOTZEN. Das ging gar nicht. Alle Mädchen wussten das. Ich wusste das natürlich auch. Die meiste Zeit ignorierten wir die Jungs. Es gab dafür zwei gute Gründe.

Der erste Grund war die Tatsache, dass viele Jungs in unserer Schulklasse noch kleine Kinder waren. Sie tobten herum, prügelten sich, machten Unsinn – kurzum: Sie spielten noch. Und genau deshalb bekamen sie von uns Mädchen keine Aufmerksamkeit.

Und dann war da noch die zweite Sorte Jungs. Die waren so wie wir. Also praktisch erwachsen. Die waren interessant. Und deshalb wurden sie auch von uns ignoriert, aber auf eine ganz andere Art. Wir beobachteten sie nur aus dem Augenwinkel heraus. Wir guckten, wenn sie nicht guckten. Wir Mädchen studierten sie, ohne dass sie etwas mitbekamen.

Natürlich waren sie das Gesprächsthema Nummer eins: »Wen findest du gut und warum?« So wurden die interessanten Jungs durchgehechelt, in allen Einzelheiten: Klamotten, Frisur, Körperbau, wovon er ein Fan ist (Musik) und wie er sich so benimmt.

Ich fand Rüdiger ganz gut. Er war ein wenig größer und älter als ich, eine Schulklasse über mir. Er trug knallenge Jeans, wie ich. Und er hatte schulterlange, blonde Haare mit Seitenscheitel. Seine Haare lagen glatt am Kopf an, weil sie ein wenig fettig waren. Fettige Haare hatte damals fast jeder. Er kämmte seine Haare mindestens so häufig, wie ich meine. Den Kamm hatte er immer dabei, hinten in der Hosentasche seiner Jeans. Ach, Rüdiger war ein klasse Typ.

Wer jetzt denkt, dass der Junge immer den ersten Schritt tut, hat keine Ahnung. Das Mädchen fängt an, indem es den Jungen unauffällig ins Visier nimmt. Also fing ich an, Rüdiger auszukundschaften.

Hat er schon eine Freundin? Nein, ich konnte in seiner Nähe kein anderes Mädchen entdecken. In der Pause stand er meistens neben der Turnhalle und alberte mit ein paar Typen aus seiner Klasse herum. Ab jetzt stand ich dort in seiner Nähe, natürlich nicht allein, sondern mit ein paar Freundinnen aus meiner Klasse. Die gaben mir Deckung. Wir Mädchen alberten auch herum, vielleicht ein wenig lauter als sonst. Aufmerksamkeit erregen und gesehen werden, das war jetzt ganz wichtig.

Zufällige Begegnungen auf dem Schulgelände waren kompliziert, aber auch notwendig, um festzustellen, was zwischen uns lief.

Ich sah ihn schon von Weitem. Er kam mir entgegen und gleich würden wir aneinander vorbeigehen. Wir waren schätzungsweise noch fünfzig Meter voneinander entfernt. Ich guckte ihn nur kurz an und sofort wieder weg, während ich gleichzeitig meine langen Haare nach hinten strich und meinen Busen etwas nach vorn schob. Das musste unbedingt unauffällig geschehen, damit er nicht dachte, ich mache das seinetwegen.

Wichtig war, was Rüdiger jetzt tat. Wenn er darauf reagierte, hatte ich ihn an der Angel. Rüdiger sah mich. Und er guckte sofort angestrengt zur Seite. Dabei streckte er seinen Rücken, wahrscheinlich um größer zu wirken. Und er hakte beide Daumen in die Vordertaschen seiner Jeans ein. Er ging zwar wie Popeye, der Seemann, aber er hatte mich bemerkt und er ließ sich nichts anmerken, genau wie ich. Ein gutes Zeichen!

Ja, so war das mit der Aufmerksamkeit damals: Das angestrengte Weggucken plus die kleinen Veränderungen in der Körpersprache – beides waren eindeutige Signale für ein gegenseitiges Interesse.

Das war der Startschuss und jetzt konnte die Liebesgeschichte richtig losgehen. Der Rest ist schnell erzählt. Alles, was wir brauchten, war eine passende Gelegenheit. Das war damals traditionell eine Fete. In unserem Fall eine Geburtstagsfete im Keller. Rüdiger stand »zufällig« neben mir und fragte mich von der Seite, ohne mich anzuschauen: »Und? Willst du tanzen?« Na logisch!

Jetzt kam der normale Stufenplan zum Einsatz: erst getrennt tanzen, dann zusammen eng tanzen und später rumknutschen. Von da an gingen wir zusammen. Ganze drei Monate lang.

Da schau an!

Falls Sie nicht mehr vierzehn oder fünfzehn Jahre alt sind, können Sie es sich einfacher machen. Sie müssen Ihre Aufmerksamkeit nicht verstecken. Stattdessen können Sie sie bewusst einsetzen, um mit einem anderen Menschen in Kontakt zu treten. Die besten Anregungen, wie Sie das schaffen, habe ich hier aufgelistet. Bei der Zusammenstellung dieser Tipps habe ich nicht nur an Flirts und Liebesbeziehungen gedacht. Jede Art von Beziehung – auch die zu Kunden, Nachbarn, Schülern oder Mitreisenden – beginnt damit, dass Sie hingucken.

WIE SIE EINEM ANDEREN MENSCHEN ZEIGEN, DASS SIE IHN AUFMERKSAM BEACHTEN

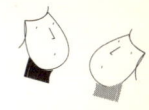

✗ Nehmen Sie einen klaren, freundlichen Blickkontakt zum anderen auf.

✗ Fügen Sie mithilfe Ihrer Körpersprache ein Ich-sehe-dich-Signal hinzu. Das kann ein Nicken, ein Lächeln oder eine winkende Geste mit der Hand sein.

✗ Halten Sie den Blickkontakt ein klein wenig länger als üblich.

✗ Freuen Sie sich sichtbar über eine positive Reaktion des anderen.

Beziehungen entstehen manchmal aus einem einzigen Moment klarer Aufmerksamkeit. Dieser eine Moment reicht aus, damit wir Kontakt zu jemandem bekommen. Später, im Alltag, kommen dann die vielen kleinen Momente klarer, wohlwollender Aufmerksamkeit hinzu, durch die wir eine Beziehung aufbauen und vertiefen.

Denken Sie an Ihre Nachbarschaft. Sie sind beispielsweise neu in das Haus eingezogen. Die Nachbarschaft entsteht durch das regelmäßige Beachten der Nachbarn, das wiederholte Grüßen im Treppenhaus und die paar Worte, die man miteinander wechselt. Es ist nicht eine einzige Begegnung, sondern die regelmäßige Aufmerksamkeit, die solche Beziehungen wachsen lässt.

Ähnliches gilt für die Kollegen am Arbeitsplatz und für die Leute, die wir im Fitnessstudio oder im Sportverein treffen. Oder die Leute, die wir am Hotelpool kennenlernen. Eine wohlwollende Aufmerksamkeit ist das erste Werkzeug und zugleich der Startschuss für eine gute Kommunikation. Ob am Ende daraus eine tragfähige Verbindung wird, hängt allerdings auch noch von den anderen Werkzeugen ab, die ich in den nachfolgenden Kapiteln beschreibe. Aber am Anfang heißt es immer: Bitte recht aufmerksam!

Ich will auch beachtet werden

Fast jeder von uns hat in seinem Leben schon mal darum gekämpft, von anderen beachtet zu werden. Wer mit Geschwistern aufgewachsen ist, bekam nicht die ganze Aufmerksamkeit der Eltern. Der Bruder oder die Schwester waren Mitstreiter. Viele von uns haben damals gelernt, wie man die Aufmerksamkeit der Eltern auf sich zieht. Und die Einzelkinder haben spätestens in der Schule gemerkt, wie dort um Aufmerksamkeit gebuhlt wird. Um von den Lehrern und den Mitschülern beachtet zu werden, wurden einige von uns schon als Kind superschlau oder besonders tüchtig. Andere bekamen die meiste Aufmerksamkeit, wenn sie witzig waren. Manche von uns haben eine Menge Blödsinn angestellt, um wenigstens etwas Aufmerksamkeit zu bekommen. Bestraft zu werden war immer noch besser, als gar nicht beachtet zu werden.

Was haben Sie in Ihrer Ursprungsfamilie getan, um die Aufmerksamkeit Ihrer Eltern zu bekommen?

Gibt es Situationen, in denen Sie sich heute auch noch so verhalten?

Einige dieser Muster und Maschen, mit denen wir früher um Aufmerksamkeit gekämpft haben, sind ein Teil unserer Persönlichkeit geworden. Wenn wir auf neue Menschen treffen, uns in Gruppen unsicher fühlen, tun wir fast immer automatisch das, was uns früher Beachtung eingebracht hat. Wir reden superschlau daher oder machen uns nützlich oder wir bringen andere zum Lachen.

Es gibt allerdings auch Menschen, die hatten es schon in ihrer Kindheit schwer, überhaupt gesehen zu werden. Das waren die stillen, unauffälligen, zurückhaltenden Kinder. Oft wurden aus ihnen ebenso zurückhaltende, introvertierte Erwachsene, die man leicht übersieht. Menschen, denen es schwerfällt, auf sich aufmerksam zu machen.

Keiner beachtet mich

Hat man Sie schon mal übersehen, ignoriert oder glatt vergessen? Wurden Sie schon mal überhört, übergangen oder einfach links liegen gelassen? Das fühlt sich nicht nur mies an, das kann manchmal richtig verletzend sein. Und es ist der erste Missklang in der Kommunikation, noch bevor jemand irgendein Wort sagt.

ICH BRAUCHTE EINE BATTERIE FÜR MEINE NEUE DIGITALKAMERA. Ich ging zu dem Fachgeschäft, in dem ich die Kamera gekauft hatte. Mein Plan sah so aus: kurz rein ins Geschäft, die Batterie kaufen und wieder nach Haus.

Mein »Guten Tag!« war vielleicht nicht energisch genug. Ich stand in dem Geschäft am Tresen und wartete darauf, dass der Verkäufer mich beachtet. Aber der Mann war anderweitig beschäftigt. Er blätterte in irgendwelchen Papieren. Seine Augen überflogen jeweils eine Seite, dann die nächste. Diese Papiere waren offenbar wichtiger als ich. Ich gebe zu, dass ich ein wenig ungeduldig war. Mein Plan, diesen Batteriekauf ratzfatz zu erledigen, geriet ins Wanken. Warum legte der Mann die Papiere nicht beiseite und verkaufte mir schnell eine Batterie? Hatte er mich überhaupt bemerkt? Eigentlich stand ich genau in seiner Blickrichtung. Er müsste nur den Kopf etwas heben und mich anschauen. Tat er aber nicht. Für ihn war ich gar nicht da.

Was jetzt? Was könnte ich tun, damit ich interessanter werde als die Papiere, die der Verkäufer gerade durchblättert?

»HALLO!? Bedienen Sie hier oder tun Sie nur so?« Nein, das habe ich nicht gesagt. Aber es ging mir durch den Kopf. Wenn ich den Verkäufer jetzt pampig anpflaume, wird er daraufhin wahrscheinlich ebenso pampig antworten. Dadurch geht meine Stimmung noch mehr den Bach runter. Auf die Nummer hatte ich keine Lust. Ich wollte eine Batterie kaufen, mir aber nicht den restlichen Tag verderben.

Vielleicht ist es Ihnen auch schon mal so ergangen. Ich suche in solchen Situationen immer nach Lösungen, die mir weiterhelfen, aber keinen zusätzlichen Stress in die Sache reinbringen. Ich will keinen Kampf um Dominanz und Recht führen.

Das Ergebnis meiner Überlegungen habe ich für Sie hier zusammengefasst. Bitte beachten Sie, dass ich bei diesem Einkauf reichlich Zeit zum Nachdenken hatte.

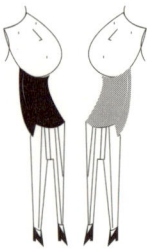

Sechs Methoden, wie Sie in einem Geschäft auf sich aufmerksam machen, ohne unfreundlich zu werden
(und wie Sie dabei auch Ihren Spaß haben können)

✘ Simulieren Sie einen ganz schlimmen Hustenanfall. Husten Sie laut und aus voller Lunge. Vermeiden Sie es dabei, auf den Verkaufstresen zu spucken. Hören Sie auf zu husten, wenn Ihr Gegenüber Sie ansieht. Begrüßen Sie die Person freundlich.

✘ Kommen Sie dem Verkäufer/der Verkäuferin langsam immer näher. Je näher Sie kommen, desto schwerer ist es für den Betreffenden, Sie weiterhin zu ignorieren. Wenn derjenige Sie anschaut, gehen Sie sofort ein paar Schritte zurück und sagen »Hallo« oder »Guten Tag«.

✘ Sie können noch mehr Aufmerksamkeit erregen, wenn Sie das langsame Näherkommen mit dem Hustenanfall kombinieren. Machen Sie sich aber klar, dass das bereits ein schweres Geschütz ist. Bitte nur im Notfall verwenden.

✘ Holen Sie Ihr Handy aus der Tasche und schalten Sie es unauffällig ab, damit es nicht klingelt. Tun Sie so, als würden Sie einen Anruf entgegennehmen. Halten Sie Ihr Mobiltelefon ans Ohr und sagen Sie mit lauter Stimme so etwas wie:

»Ja, ich hör das Baby schreien. Kannst du den Kleinen bitte noch einen Moment trösten. Ich werde hier gleich bedient und komme dann sofort nach Haus.«

Auch mit diesem Text machen Sie auf sich aufmerksam:

»Nein Tobias, du darfst dem Hund nicht mit der Nagelschere die Haare schneiden. Leg die Schere weg. Ich komm gleich nach Haus.«

Oder:

»Schatz, wenn du blutest, dann kleb dir ein Pflaster auf die Wunde. Ja, ich kann dir einen Verband anlegen, aber im Moment warte ich hier noch.«

✗ Sie können natürlich auch ohne Mobiltelefon anfangen zu reden. Wühlen Sie in Ihren Jackentaschen, als würden Sie einen Schlüssel suchen, und führen Sie dabei ein Selbstgespräch, etwa mit diesen Worten: »Oh, wo ist er denn? Ich hab ihn doch eingesteckt! Jetzt finde ich ihn nicht mehr.« Und dann etwas lauter: »DA! Jetzt hab ich ihn!« Wahrscheinlich wird der Verkäufer/die Verkäuferin spätestens bei Ihrem lauten »Da!« neugierig zu Ihnen hinschauen. Halten Sie die Aufmerksamkeit Ihres Gegenübers fest, indem Sie denjenigen begrüßen und gleich danach sagen, was Sie möchten.

✗ Die einfachste Methode (leider auch die langweiligste): Sprechen Sie den Verkäufer/die Verkäuferin direkt an und beginnen Sie Ihren Satz mit den Worten »Entschuldigung« oder »Verzeihen Sie bitte«. Sagen Sie anschließend klar, was Sie möchten, etwa so: »Verzeihen Sie bitte, ich möchte eine neue Batterie für meine Kamera kaufen.«

Wie ist die Sache in meinem Fall ausgegangen? Ich habe die langweilige Methode gewählt. Als ich näher kam und zum Verkäufer sagte »Verzeihen Sie bitte«, hat er mich noch nicht angeschaut. Aber als ich dann sagte »Hier ist ein Unglück geschehen«, hatte ich seine Aufmerksamkeit. Und dann fügte ich schnell hinzu: »Die Batterie meiner Digitalkamera ist leer. Ich brauche eine neue.« Der Verkäufer schien einen Moment lang enttäuscht zu sein, weil es sich nur um ein sehr kleines Unglück handelte. Aber ich bekam, was ich wollte.

Ich bin viel zu schüchtern, um Aufmerksamkeit zu erregen

Als ich diese kleine Geschichte in einem Workshop zum Besten gab, meldete sich ein Teilnehmer, der ganz hinten im Raum saß. Ich hatte zuerst Schwierigkeiten, ihn zu verstehen. Er redete schnell und leise.

Er sagte zu mir:»Frau Berckhan, hätten Sie vielleicht noch ein paar seriöse Lösungen für so ein Problem?«

Er sprach tatsächlich von seriösen Lösungen. Als wären meine Vorschläge nicht seriös. Ich war eine Sekunde lang leicht verschnupft. Da meldete sich eine Teilnehmerin zu Wort und sprach den Mann direkt an:»Sie brauchen etwas, womit Sie im Job Aufmerksamkeit bekommen? Oder?« Der Mann nickte.

»Geht mir auch so«, sagte die Frau, jetzt in meine Richtung.»Ich werde da leicht übersehen. Und dann kann ich nicht immer einen Hustenanfall vortäuschen.«

Der Mann, der nach ein paar seriösen Lösungen suchte, hieß Markus. Und er war schüchtern. In seinem Job hatte er meistens mit Zahlen zu tun und so gut wie keinen Kundenkontakt. Für ihn war das in Ordnung. Aber es gab eine Situation, in der er selbst unter seiner Schüchternheit litt. Das waren die Meetings in der Firma. Jede Woche nahm er an diesen Besprechungen teil und häufig ging es dabei auch um seinen Aufgabenbereich.

Markus neigte im Job dazu, sich völlig unauffällig zu verhalten. Er betrat den Besprechungsraum immer ganz still und setzte sich hin, ohne mit jemandem zu reden. Seine Wortbeiträge während des Meetings waren kurz, aber sehr genau durchdacht. Meistens machte er einen konkreten Vorschlag. Im schlimmsten Fall passierte das:

Niemand ging auf ihn ein, niemand unterstützte ihn, niemand widersprach ihm. Seine Worte blieben unbeachtet. Die Diskussion ging weiter, als hätte er nie etwas gesagt.

Für Markus war es entmutigend, dass seine Beiträge einfach sang- und klanglos unter den Tisch fielen. Er wurde immer schweigsamer und meldete sich immer seltener zu Wort. Damit katapultierte er sich ins berufliche Aus. Er leistete viel, aber man hörte nichts von ihm. Hatte er überhaupt an dem letzten Meeting teilgenommen? So richtig wahrgenommen hat ihn niemand. Was tut dieser Mann hier überhaupt?

Alles eine Sache des Trainings

Gestatten Sie mir eine kurze Zwischenbemerkung. Schüchternheit kennen wir alle. Wir kennen diesen Zustand, in dem wir innerlich gehemmt sind. Wir trauen uns nicht, auf andere Leute zuzugehen oder etwas zu sagen. Das passiert jedem Menschen hin und wieder. Zum Glück ist unsere Persönlichkeit eine Art Gemischtwarenladen. Wir verfügen über ein breites Sortiment an inneren Gefühlslagen und Verhaltensweisen. Einige davon liegen bei uns im Schaufenster und sind für andere gut sichtbar. Andere lagern weiter hinten im Regal und einiges ist gut im Keller unserer Seele versteckt. Die Verhaltensweisen und Gefühle aus dem Schaufenster haben wir besonders häufig erlebt und deshalb haben wir sie auch gut trainiert.

Auch schüchterne Menschen haben einige Verhaltensweisen im Laufe ihres Lebens intensiv trainiert. Schüchterne sind sehr geübt darin, sich zurückzunehmen, leise und unauffällig zu sein und lange zu überlegen, was sie sagen und ob sie überhaupt etwas sagen. Das sind alles akzeptable Verhaltensweisen in der Kommunikation.

Schwierig wird es erst, wenn jemand nicht anders kann. Wenn jemand nur gehemmt ist. Diese Einseitigkeit macht das Leben schwer. Gelungene Kommunikation mit anderen Menschen entsteht aus der Vielfalt unserer Verhaltensweisen und Gefühle, nicht aus der Einfalt.

In dem Gemischtwarenladen unserer Persönlichkeit darf es gern Zurückhaltung, Schweigsamkeit und Unauffälligkeit geben. Wichtig ist nur, dass wir auch über das Gegenteil verfügen. Zum Gegenteil gehören beispielsweise das spontane Reden, die Kontaktfreudigkeit und die Fähigkeit, im Mittelpunkt zu stehen.

Bei diesen letzten Verhaltensweisen haben viele schüchterne Menschen einen gewissen Übungsrückstand. Anders gesagt: Sie haben die Zurückhaltung lange und intensiv trainiert und das Gegenteil ist zu kurz gekommen. Wie gesagt, es handelt sich nur um einen Übungsrückstand. Und der lässt sich durch ein gutes, regelmäßiges Training beheben. Die Schüchternheit soll dabei nicht verschwinden. Nein, sie ist vollkommen in Ordnung. Aber eine freie Wahl im Verhalten entsteht erst, wenn die Gegenseite, die Kontaktfreudigkeit, auch ins Schaufenster unserer Persönlichkeit darf.

Wie mache ich auf mich aufmerksam?

Markus stellte mir eine Frage, die viele schüchterne Menschen haben: Wie schafft man es, auf sich aufmerksam zu machen, sodass einem die anderen Leute zuhören und auf das eingehen, was man sagt? Markus betonte noch einmal, dass er nach seriösen Lösungen suche. Und für mich war klar, dass es eine Lösung sein musste, die ein schüchterner Mensch auch wirklich anwenden kann.

Die erste Antwort auf die Frage ist einfach und etwas ernüchternd. Wir können niemanden zwingen, uns zu beachten. Aufmerksam sein und zuhören – das sind beides absolut freiwillige Leistungen. Aber wir können einiges dafür tun, dass andere Menschen uns freiwillig, ja sogar neugierig beachten und uns zuhören.

Ein wichtiger Grundsatz lautet:

Unsere Aufmerksamkeit geht dorthin, wo es attraktive Reize gibt. Wenn etwas sehr fade und eintönig ist, driftet unsere Aufmerksamkeit weg.

Vielleicht haben Sie das schon einmal selbst erlebt, zum Beispiel bei einer langweiligen Rede oder einem eintönigen Vortrag: Sie haben sich bemüht zuzuhören, aber Ihre Gedanken sind woanders hingewandert. Wenn man Sie nach dem Vortrag fragen würde, was der Redner da gerade erzählt hat, könnten Sie vom Inhalt nur drei Minuten wiedergeben, obwohl der Redner 60 Minuten lang gesprochen hat.

Die einfache Formel lautet: Unsere Aufmerksamkeit hungert nach Reizen. Mit den richtigen Reizen können Sie die Aufmerksamkeit anderer Menschen ködern und festhalten.

Ich erklärte Markus die vier einfachsten (und ganz seriösen) Aufmerksamkeitsköder, die er in einem Meeting einsetzen kann, um beachtet zu werden. Er kann dabei nur einen Aufmerksamkeitsköder einsetzen oder mehrere miteinander kombinieren, falls er mal stärker auftrumpfen möchte.

Auf den folgenden Seiten erkläre ich ausführlich, wie diese vier Aufmerksamkeitsköder funktionieren, sodass Sie sie auch in Ihrem Alltag einsetzen können.

DIE VIER EINFACHSTEN AUFMERKSAM-KEITSKÖDER ODER WIE SIE DAFÜR SORGEN, DASS ANDERE MENSCHEN SIE BEACHTEN

Der erste Aufmerksamkeitsköder: Seien Sie selbst aufmerksam für andere Menschen.

Wenn Sie von anderen Menschen beachtet werden wollen, dann fangen Sie damit an, andere zu beachten. Beachten Sie Ihre Mitmenschen. Zeigen Sie deutlich, dass Sie die anderen wahrnehmen. Es reicht zunächst, wenn Sie kurz grüßen. Mit einem simplen Kopfnicken, einem »Hallo!« oder einem »Guten Tag« sagen Sie Ihrem Gegenüber indirekt: Ich sehe dich und du bist es wert, von mir beachtet zu werden. Sie zeigen, dass Sie aufmerksam sind.

Das Ködern der Aufmerksamkeit beginnt schon, wenn Sie einen Raum betreten. Statt sich stumm an den Tisch zu setzen, können Sie die anderen, die dort bereits sitzen, kurz ansehen und wenn Ihr Blickkontakt erwidert wird, grüßen diese Leute Sie mit einem Kopfnicken oder einem Hallo. Gehen Sie davon aus, dass jeder Mensch ein tiefes Bedürfnis danach hat, beachtet zu werden. Und Sie sind die Person, die diese Beachtung verschenken kann. Damit machen Sie auf sich aufmerksam.

Der zweite Aufmerksamkeitsköder: Nennen Sie Ihren Gesprächspartner beim Namen

Jeder wird sofort hellhörig, wenn er seinen eigenen Namen hört. Namen sind wahre Aufmerksamkeitsmagneten. Erwähnen Sie den Namen Ihres Gesprächspartners, wenn Sie anfangen zu reden. Beispielsweise so:»Ich möchte an das anknüpfen, was Herr Meier eben gesagt hat.« Zumindest wird Herr Meier Ihnen aufmerksam zu hören, weil gerade eben sein Name gefallen ist.

Nennen Sie öfter die Namen der Anwesenden, denn damit entsteht bei den Leuten eine Erwartungshaltung. Alle in der Runde gehen davon aus, dass gleich ihr Name fällt, jeder hört Ihnen aufmerksam zu. Damit ködern Sie die Aufmerksamkeit einer ganzen Gruppe.

Darüber hinaus hat dieser Aufmerksamkeitsköder noch einen interessanten psychologischen Effekt. Wir fühlen uns geschmeichelt, wenn jemand uns direkt mit unserem Namen anspricht, und zwar in einem positiven Zusammenhang.

Nehmen wir an, Sie sagen während einer Besprechung Folgendes:»Karin hat bereits erwähnt, dass wir hier die Auslieferung verbessern müssen. Dabei ist es strategisch sinnvoll, dass wir das Projektteam von Hans-Jürgen mit einbeziehen.« Jetzt ragen Karin und Hans-Jürgen ein klein wenig aus der Gruppe heraus. Sie wurden von Ihnen namentlich erwähnt und zwar in einem positiven Zusammenhang. Die beiden haben Ihre Aufmerksamkeit bekommen und deshalb werden die beiden Ihnen jetzt mehr Aufmerksamkeit schenken. Sie sind interessant geworden.

Ähnliches gilt auch für ein Zweiergespräch. Indem Sie Ihren Gesprächspartner namentlich ansprechen, ködern

Sie seine Aufmerksamkeit. Falls jemand abwesend erscheint, fangen Sie Ihren nächsten Satz einfach mit seinem Namen an. »Wissen Sie, Herr Müller, ich habe mir darüber Gedanken gemacht. Die ganze Angelegenheit können wir uns erleichtern, indem wir ...« Herr Müller hört seinen Namen und wacht aus seinen Tagträumen auf. Er kehrt zum Gespräch zurück.

Wenn Sie den Eindruck haben, dass Ihr Gegenüber abgelenkt ist, können Sie den Namen auch mitten in Ihren Wortfluss einbauen: »Ich finde, die Sache muss geregelt werden, und zwar möglichst gerecht. Ich finde es schön, Frau Schmidt, dass wir jetzt darüber reden können. Wie wäre es, wenn wir ...«

Die Namensnennung hat noch einen zusätzlichen positiven Effekt. Das, was Sie sagen, hört sich verbindlicher und ernst gemeinter an, wenn Sie Ihren Gesprächspartner zwischendurch mit seinem Namen ansprechen.

Der dritte Aufmerksamkeitsköder: Lassen Sie Ihre Aussage attraktiver erscheinen

Fangen Sie mit einem Satz an, der neugierig macht. Sagen Sie etwas, das alle aufhorchen lässt. Das kann ein Paukenschlag sein wie: »Ich hab einen Vorschlag, mit dem wir alles vereinfachen können.« Oder: »Es gibt da einen Punkt, an den wir alle bisher nicht gedacht haben.«

Gerade für schüchterne Menschen ist es wichtig zu lernen, wie sie ihre Aussagen mit ein wenig Tamtam einleiten können. Getreu dem Motto: Hau mal auf die Pauke.

Wirkungsvoll ist es auch, wenn Sie sich gefühlvoll präsentieren, beispielsweise so:

»Ich bin ein wenig unsicher, ob ich das jetzt überhaupt ansprechen soll.« Oder:

»Die Sache, um die es geht, ist ein wenig heikel.«

»Bei dem, was ich jetzt sage, habe ich direkt Herzklopfen. Aber das liegt daran, dass es mir wirklich wichtig ist.«

Mit so einem wirkungsvollen Einleitungssatz sagen Sie Ihrem Gegenüber: Pass auf! Hier kommt jetzt etwas, was du noch nicht kennst. Das lässt den Gesprächspartner aufhorchen. Alle werden jetzt neugierig, vor allem dann, wenn der normale Gesprächsstil eher nüchtern, sachlich und emotionslos ist. Vor so einem Hintergrund wirken solche persönlichen Aussagen wie ein Kontrastprogramm. Sie brechen aus der gewohnten Routine aus und damit wird ein neuer Reiz gesetzt.

Deshalb sind die ersten Sätze in einem Roman oder einer Erzählung so wichtig. Diese ersten Sätze, die dort stehen, entscheiden darüber, ob wir Lust haben, weiterzulesen, oder das Buch zur Seite legen.

Der vierte Aufmerksamkeitsköder: Sprechen Sie intensiv und spannend

Von Ihrer Art zu reden hängt es ab, ob Ihr Gegenüber langsam wegdämmert oder Ihnen aufmerksam zuhört. Je monotoner Sie sprechen, desto eher driftet der Zuhörer weg. Wenn Ihre Wortbeiträge so klingen, als würden Sie eine Anleitung fürs Autogene Training vorlesen, versinken Ihre Zuhörer ganz schnell in entspannte Tagträume. Monotones Sprechen hat immer das gleiche Tempo, immer die gleiche Stimmlage. Es kennt keine Höhen und keine Tiefen und keine Abwechslung.

Gewöhnen Sie sich eine Sprechweise an, die Sie variieren können. Beispielsweise so: Benutzen Sie neben langen Sätzen auch immer mal wieder kurze, knackige Sätze. Mit kurzen Sätzen können Sie Ihre zentrale Botschaft eindrucksvoller im Gehirn der Zuhörer verankern. Schauen Sie dabei Ihr Gegenüber oder die Gruppe an. Wenn Sie eine zentrale Botschaft rüberbringen wollen, reden Sie in einem dramatischen Tonfall, als würden Sie einen Krimi nacherzählen und gleich verraten, wer der Mörder ist.

Plappern Sie nicht wie ein stetiger Wasserfall. Machen Sie auch mal eine Pause, die dafür sorgt, dass ein wichtiger Satz im Raum stehen bleibt und im Kopf der Zuhörer nachhallen kann. Das schafft Konzentration und – wenn Sie es geschickt anstellen – eine atemlose Spannung. Sie werden durch diese abwechslungsreiche Sprechweise die volle Aufmerksamkeit Ihres Gegenübers bekommen, auch wenn Sie nur ganz alltägliche Dinge erklären wie das Ausfüllen eines Formulars oder die Überprüfung eines Kostenvoranschlags.

Wie Sie Ihre eigenen Aufmerksamkeitsköder herstellen

Womöglich steht Ihnen nur noch eine kleine Hemmung im Weg. Wie viele andere Menschen auch, sind Sie vielleicht ein wenig zu sehr auf ein angepasstes Verhalten programmiert. Und das kann bedeuten, dass Sie sich scheuen, die Aufmerksamkeit anderer Leute zu erregen. Sie möchten sich auf keinen Fall danebenbenehmen oder dumm auffallen. Aber um die Aufmerksamkeit anderer Leute auf sich zu lenken, brauchen Sie einen auffälligen Köder. Sie können sich kein Gehör verschaffen, solange Sie sich möglichst unauffällig benehmen. Kennen Sie diese Filmszenen, bei denen während einer Hochzeitsfeier eine Rede gehalten wird? Wie sorgt der Redner dafür, dass die plappernde Hochzeitsgesellschaft ihm Aufmerksamkeit schenkt? Er steht auf, nimmt ein Messer und klopft damit gegen ein Glas. Das ergibt eine Art Glockenton. Damit fällt er auf und alle sind aufmerksam.

Achten Sie ab jetzt darauf, welche Aufmerksamkeits-köder andere Leute einsetzen. Kennen Sie jemanden, der oft im Mittelpunkt steht und von allen beachtet wird? Hören Sie auf, neidisch oder eifersüchtig auf solche Leute zu sein. Lernen Sie von dem Betreffenden. Gehen Sie ohne Vorurteile an die Sache heran.

Mit welchen Ködern arbeitet dieser Mittelpunkts-Mensch? Wenn Sie in eine neutrale Beobachterrolle gehen, können Sie leichter erkennen, wie diese Person die Aufmerksamkeit auf sich zieht. Wie betritt so ein Mittelpunkts-Mensch den Raum? Wie begrüßt er die anderen Leute? Wie setzt dieser Mensch seine Körpersprache ein?

Was Ihnen auffällt, gehört Ihnen. Natürlich müssen Sie dieses Verhalten nicht hundertprozentig kopieren, aber Sie können sich die eine oder andere Scheibe davon abschneiden.

Hier noch ein paar Tipps, die Ihnen in einer Redesituation helfen.

WIE SIE DAFÜR SORGEN KÖNNEN, DASS MAN IHNEN ZUHÖRT

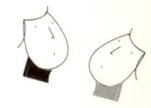

✗ Wenn Sie selbst sehr engagiert sind, können Sie die Aufmerksamkeit Ihrer Mitmenschen leichter ködern. Lassen Sie beim Reden zu, dass Ihre Motivation und Ihr Engagement einfach aus Ihnen heraussprudeln. Leidenschaft ist ein sehr wirksamer Aufmerksamkeitsköder.

✗ Stellen Sie den Nutzen heraus. Wir werden sofort sehr aufmerksam, wenn es für uns etwas Nützliches oder Interessantes zu hören gibt. Sie können diese Nützlichkeit mit ein paar Worten ankündigen, indem Sie beispielsweise sagen: »Was jetzt kommt, ist wichtig. Und zwar ...« oder »Das wirklich Interessante an der Sache ist ...«

✗ Versuchen Sie nicht, die Aufmerksamkeit Ihrer Mitmenschen stundenlang zu ködern. Reden Sie lieber kurz und klug statt langatmig und belanglos.

✗ Vermeiden Sie es, einen einzigen Aufmerksamkeitsköder ständig zu wiederholen. Er nutzt sich ab. Trauen Sie sich, hin und wieder (spielerisch) etwas Neues auszuprobieren.

✗ Lernen Sie den Wiegeschritt. Gehen Sie nach vorn, reden Sie und seien Sie dabei präsent und deutlich. Anschließend gehen Sie zurück in die Zuhörerrolle und nehmen das auf, was andere sagen.

Indem Sie einen oder mehrere Aufmerksamkeitsköder einsetzen, sorgen Sie dafür, dass Ihr Gegenüber das beachtet, was Sie sagen. Aber das ist noch keine Garantie dafür, dass Sie am Ende auch Beifall oder die gewünschte Zustimmung bekommen. Dennoch ist das Ködern der Aufmerksamkeit immer der erste Schritt, um überhaupt ein Gespräch in Gang zu setzen.

In der Kommunikation mit anderen Menschen gibt es einen Grundsatz, der auch hier sehr hilfreich ist:

Sie können bestimmen, was Sie sagen, aber Sie können nicht bestimmen, wie Ihr Gesprächspartner darauf reagiert.

Konzentrieren Sie sich in einem Gespräch oder in einem Meeting auf Ihren Teil der Kommunikation. Das reicht. Versuchen Sie nicht zu kontrollieren, wie das, was Sie sagen, auf der anderen Seite ankommt. Das wäre viel zu anstrengend und funktioniert auch nicht.

Mein Freund beachtet mich nicht

»Ich lebe seit fünf Jahren in einer Beziehung. Mein Freund und ich gehen oft zusammen auf eine Party oder eine Feier. Immer wenn wir dort angekommen sind, ignoriert er mich. Er tanzt nicht mit mir und er redet auch nicht mit mir. Wie kann ich dafür sorgen, dass er mich während der Party mehr beachtet?«

ZUERST EMPFEHLE ICH IHNEN EINE KLARE KOMMUNIKATION. Reden Sie mit Ihrem Freund darüber. Gut möglich, dass er unterschwellig gemerkt hat, wie unzufrieden Sie sind. Aber unterschwellige Botschaften reichen nicht. Reden Sie mit ihm unter vier Augen und sagen Sie Ihrem Freund deutlich, welches Verhalten Sie sich von ihm wünschen.

Seien Sie bitte sehr präzise. Was genau verstehen Sie unter Beachtetwerden? Heißt das, Sie wollen mit ihm vier Stunden lang Händchen halten? Oder soll er den ganzen Abend nur mit

Ihnen reden und tanzen? Oder reicht es, wenn er Sie ein Mal umarmt?

Sagen Sie ihm ganz genau, welche Art von Beachtung Sie sich wünschen. Und dann hören Sie Ihrem Freund zu. Welche Bedürfnisse hat er auf der Party? Und was könnten Sie tun, damit er das bekommt, was er sich wünscht.

Ja, das Ganze ist fast so wie ein gegenseitiges Handelsabkommen. Und das funktioniert am besten, wenn beide Seiten das bekommen, was ihnen guttut. Fangen Sie an, mit Ihrem Freund darüber zu verhandeln.

Ich habe noch einen Gedanken, den ich gern hinzufügen möchte. Überlegen Sie, ob Sie sich von Ihrem Freund etwas unabhängiger machen können. Anders gesagt: Ihr Freund muss nicht automatisch dafür zuständig sein, dass Sie sich auf einer Party wohlfühlen. Sie brauchen seine Aufmerksamkeit nicht, weil Sie selbst eine wandelnde Aufmerksamkeitsquelle sind.

Fangen Sie damit an, andere Leute mehr zu beachten. Seien Sie aufmerksam für die Menschen, die auf der Party sind. Reden Sie mit ihnen, hören Sie ihnen zu, tanzen und lachen Sie mit den anderen. Bei der Gelegenheit können Sie schnell mal bei Ihrem Partner vorbeischauen und ihn auch liebevoll beachten. Sie müssen nicht im Beachtungsdefizit sitzen und sehnsüchtig auf Ihren Freund warten. Sie können aus dem Vollen schöpfen und Ihre Aufmerksamkeit allen anderen Menschen (und ihm) schenken.

Sei aufmerksam und deine Beziehungen blühen auf

Aufmerksamkeit ist ein sehr mächtiges Werkzeug in der Kommunikation. Sie können damit Beziehungen entstehen lassen und sie auch vertiefen. Das, was Sie aufmerksam beachten, wächst. Aber Sie können mit mangelnder Aufmerksamkeit auch das Gegenteil bewirken. Wenn Sie eine Beziehung nicht mehr beachten, vertrocknet diese Beziehung. Das gilt für jede Art von Beziehungen, also auch für Freundschaften und Geschäftsbeziehungen.

Einer meiner Teilnehmer erzählte mir in einer Seminarpause, wie er sein derzeitiges Familienleben verbessert hat. Er war geschieden und hatte wieder geheiratet. Seine jetzige Frau brachte zwei kleine Kinder mit in die Ehe. Aus seiner ersten Ehe hatte er einen älteren Sohn. Jetzt wollte er nicht die gleichen Fehler machen, die dazu geführt hatten, dass die erste Beziehung schiefging.

»FRÜHER WAR FÜR MICH ALLES SELBSTVERSTÄNDLICH. Mein Sohn und meine Frau waren einfach da und ich habe das Geld verdient. Ich habe oft Arbeit mit nach Hause genommen und am Wochenende hatte ich keine Lust, etwas zu unternehmen. Ich war erschöpft, wollte meine Ruhe. Das ging jahrelang so und irgendwann haben meine Frau und ich nur noch miteinander geredet, wenn es darum ging, irgendetwas zu organisieren oder zu reparieren. Die längsten Unterhaltungen hatten wir, wenn wir uns gestritten haben. Ganz zum Schluss gab es nicht einmal mehr einen Streit, wir hatten uns einfach nichts mehr zu sagen.

Meine Ehe ist damals zerbrochen, weil wir nebeneinander gelebt haben statt miteinander zu leben. Den Fehler will ich nicht noch einmal machen. In der jetzigen Partnerschaft achte ich sehr darauf, dass mein Job nicht alles dominiert. Wir verbringen Zeit als Familie, gemeinsam mit den Kindern. Aber verabreden uns auch zu zweit, als Paar – ohne die Kinder. Und das Wichtigste: Wir reden miteinander.«

Wirklich füreinander da sein

Unsere Beziehungen können sich verschlechtern, ohne dass dabei ein einziges böses Wort fällt. Das geschieht, wenn die alltägliche Routine, der Haushalt, der Job und alles andere, die ganze Aufmerksamkeit bekommt. Dann bleibt für den jeweiligen Partner kaum noch etwas übrig. Die Partnerschaft droht einzugehen, obwohl nach außen hin alles harmonisch aussieht.

Das erste Werkzeug in der Kommunikation, die Aufmerksamkeit, ist der Beginn einer Verbindung zwischen zwei Menschen. Aber diese Verbindung will immer wieder belebt werden.

DIE INSELN DER AUFMERKSAMKEIT ODER WIE SIE IHRE PARTNERSCHAFT AUS DER ROUTINE RAUSHOLEN

✗ Wenn Sie es wichtig finden, eine Beziehung zu haben, dann schenken Sie dieser Beziehung auch Zeit und Aufmerksamkeit.

✗ Im täglichen Einerlei entsteht ganz von selbst eine Routine. Sorgen Sie dafür, dass Ihre gemeinsame freie Zeit nicht völlig von dieser Routine besetzt wird.

✗ Schaffen Sie ganz bewusst und absichtlich Inseln der Aufmerksamkeit. Das sind bestimmte Zeitabschnitte, die Sie nur für Ihre Partnerschaft reservieren. Termine, die Sie für Ihre Beziehung frei halten.

✗ Achten Sie vor allem auf die Qualität des Zusammenseins. Seien Sie wirklich füreinander aufmerksam, als würden Sie sich zum ersten Mal treffen. Seien Sie neugierig auf Ihr Gegenüber, auch wenn Sie glauben, Sie würden den anderen in- und- auswendig kennen.

✗ Schenken Sie sich gegenseitig Aufmerksamkeit, ohne Druck und ohne dass irgendetwas Bestimmtes passieren muss. Das Ganze ist keine Pflichtveranstaltung, sondern ein gegenseitiges Geschenk.

✗ Die Insel der Aufmerksamkeit ist ausschließlich für Sie beide da. Es ist die Zeit, in der Sie nur Ihre Beziehung pflegen.

Wir sehnen uns nach wohlwollender Aufmerksamkeit. Dabei geht es nicht in erster Linie um die Menge oder die Dauer der Aufmerksamkeit. Viel wichtiger ist die Qualität.

Also nicht endlos lange nebeneinander sitzen, sondern für eine – vielleicht nur kurze – Zeitspanne ganz für den anderen da sein. Den Gesprächspartner aufmerksam beachten, ohne abgelenkt zu sein. Richtig zuhören, ohne dabei in irgendwelchen Papieren zu blättern, ohne die SMS auf dem Handy zu checken, ohne den Geschirrspüler auszuräumen, ohne dass der Fernseher läuft. Die Aufmerksamkeit bündeln, statt sie in zahllosen Nebenaktivitäten zu zerstreuen.

Dabei können zehn Minuten genaues Zuhören und Auf-den-anderen-Eingehen viel wirksamer sein als eine Stunde unkonzentriertes Schwatzen. Zehn Minuten wirklich für den anderen da sein hilft der Beziehung mehr als ein ganzer Abend, den man gemeinsam vor dem Fernseher verbringt.

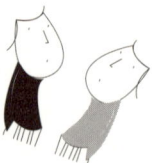

Lass dich mal wieder blicken

Unsere gebündelte, klare Aufmerksamkeit hat die Kraft, uns aus der Einsamkeit herauszuholen. Wobei Einsamkeit nichts mit der Anwesenheit oder Abwesenheit von anderen Leuten zu tun hat. Wir können uns inmitten einer Menschenmasse oder im Beisein unserer Freunde einsam fühlen.

Aufmerksamkeit ist immer auch ein Sich-Einlassen auf den anderen. Je aufmerksamer wir für jemanden sind, desto mehr Verbindung entsteht zu diesem Menschen. Umgekehrt gilt: Wenn wir unaufmerksam sind, fühlen wir uns unverbunden.

Wer sich einsam fühlt, fühlt sich zu wenig verbunden mit anderen Menschen. Aber noch wichtiger: Derjenige schenkt anderen Menschen auch zu wenig Aufmerksamkeit.

Wenn Sie sich einsam fühlen und das ändern wollen, dann fangen Sie damit an, Ihren Mitmenschen, wo immer Sie sie treffen, wohlwollende Aufmerksamkeit zu schenken. Dabei ist, wie gesagt, nicht die Dauer der Aufmerksamkeit, sondern die Qualität entscheidend.

Ein wirkliches Hinsehen, ein zugewandtes Kopfnicken, das achtsame Grüßen und die ernst gemeinte Frage »Wie geht's?« – das alles dauert nur Sekunden, vielleicht ein paar Minuten. Aber es zahlt sich aus. Sie werden erstaunt sein, wie viel positive Beachtung Sie zurückbekommen.

Es ist fast unmöglich, dass Sie sich einsam fühlen, während Sie einem anderen Menschen Ihre Aufmerksamkeit schenken.

ZUSAMMENFASSUNG

✗ Jeder Kontakt zu einem anderen Menschen beginnt zuerst damit, dass wir diesem Menschen unsere Aufmerksamkeit schenken.

✗ Wir können dafür sorgen, dass wir gehört und gesehen werden, indem wir die Aufmerksamkeit unserer Mitmenschen ködern.

✗ Die wirkungsvollsten Aufmerksamkeitsköder sind: andere Menschen wirklich aufmerksam beachten, eine abwechslungsreiche Ausdrucksweise, den anderen mit Namen ansprechen und spannende verbale Aufmacher.

✗ Entscheidend ist nicht die Dauer der Aufmerksamkeit, sondern die Qualität. Das bedeutet, dass wir uns dem anderen ganz zuwenden, ohne durch Handy, Fernsehen, Zeitunglesen etc. abgelenkt zu sein.

✗ Aufmerksamkeit sorgt für Verbindung. Auch unsere langfristigen Beziehungen brauchen immer wieder unsere Aufmerksamkeit, sonst vertrocknen sie.

Der Kontakt

Das erste Werkzeug, die Aufmerksamkeit, öffnet die Tür zu unserem Gegenüber. Wir bemerken den anderen. Und das könnte bereits alles sein. Es muss jetzt nicht weitergehen. Wir können dem Mann, der im Flugzeug neben uns sitzt, kurz unsere Aufmerksamkeit schenken, »Hallo« sagen und dann schweigend ein Buch lesen. Wir sehen unseren Nachbarn da hinten im Supermarkt, nicken ihm aus der Entfernung zu und das war's.

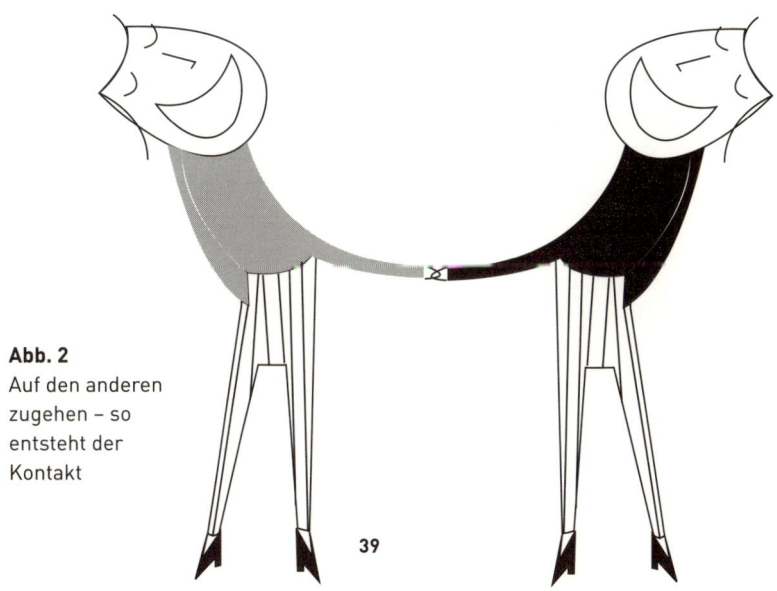

Abb. 2
Auf den anderen
zugehen – so
entsteht der
Kontakt

39

Wenn wir aber mehr wollen, beispielsweise mit ihm ein Gespräch führen, zusammenarbeiten oder flirten wollen, dann reicht die bloße Aufmerksamkeit nicht aus. Wir brauchen ein zweites Werkzeug. Dieses zweite Werkzeug ist der Kontakt. Mit dem Kontakt gehen wir einen Schritt weiter. Wir fangen an, eine Verbindung zu unserem Gegenüber aufzubauen.

Ich habe mir früher über diese Dinge nie ausführlich Gedanken gemacht, bis ich jemanden beobachtet habe, dem es schwerfiel, einen tragfähigen Kontakt zu anderen Menschen herzustellen.

Das Ganze passierte während meiner Arbeit. Eigentlich war es nicht meine Arbeit, sondern die eines jungen Kollegen. Er kam frisch von der Uni und stand ganz am Anfang seiner Karriere als Kommunikationstrainer. Er bat mich, in einem seiner Seminare als Beobachterin dabei zu sein. Er wollte ein Feedback von mir, dem alten Hasen. (Zum Glück hat er mich nicht »alter Hase« genannt, sondern er nannte mich einen »Vollblut-Profi«. Ich war geschmeichelt und ich habe mich breitschlagen lassen.) Es ging um ein Rhetoriktraining, das er leitete.

Was dort passierte, hat mir die Augen geöffnet. Zum ersten Mal ist mir bewusst geworden, wie wichtig ein guter Kontakt ist, wenn man andere Menschen für sich gewinnen will.

Kein Kontakt – ich hab noch so viel zu tun

DIE SITUATION SAH SO AUS: ICH KAM SCHON FRÜH IN DEN RAUM, IN DEM SEIN RHETORIKTRAINING STATTFINDEN SOLLTE. Ich setzte mich nach hinten, an den Rand. Mein junger Kollege kam kurz darauf rein und fing an, alles vorzubereiten. Und obwohl das Training erst in einer halben Stunde anfangen sollte, standen bereits die ersten Teilnehmer im Türrahmen. Ein Mann und eine Frau schauten in den Raum. Beide sagten etwas unschlüssig »Guten Tag«. Ich grüßte zurück. Mein junger Kollege, der Leiter dieses Trainings, schaute nur kurz hoch, brummte ein »Guten Tag« vor sich hin, während er weiter seine Unterlagen ausbreitete. Dann stand noch ein Teilnehmer in der Tür und grüßte. Wieder war mein Kollege sehr beschäftigt. Er schenkte dem Teilnehmer zwar seine Aufmerksamkeit, aber dann sortierte er wieder irgendwelche Papiere. Jeder Teilnehmer, der hereinkam, grüßte mich und alle anderen, die schon da waren. Die Leute fingen an, sich in kleinen Grüppchen miteinander bekannt zu machen. Hände wurden geschüttelt, Namen genannt. Mein junger Kollege war immerzu beschäftigt. Er wirkte nervös. Ich glaube, keiner traute sich so recht, ihn bei seinen Vorbereitungen zu stören.

Und so verpasste er einen der wichtigsten Momente seines eigenen Rhetoriktrainings: die Kontaktaufnahme mit den Teilnehmern.

Als alle da waren, fing er mit der offiziellen Begrüßung an. Er redete frontal zu der gesamten Gruppe, die jetzt wie eine geschlossene Wand fremder Gesichter vor ihm saß. Ich schätze, seine Nervosität stieg noch einmal um fünfzig Prozent an. Er stellte sich selbst vor, präsentierte sein Konzept und führte eine Übung durch. Alle machten brav mit, aber die Stimmung war frostig. Beide Seiten, die Teilnehmer und er, wurden nicht richtig warm miteinander. In der Mittagspause tuschelten die Teilnehmer untereinander. Nein, sie waren mit diesem Trainer nicht zufrieden. Da hatten sie schon bessere erlebt.

Komm mir doch entgegen

Als ich später mit meinem jungen Kollegen darüber sprach, schob er alles auf seine Nervosität. Aber daran lag es nicht. Das Problem war, er hatte keinen Draht zu den Teilnehmern gefunden. Er hat das Training kontaktlos geleitet. Das war tragisch, weil dieser junge Kollege ansonsten alles drauf hatte, was einen guten Trainer ausmacht. Er konnte sehr gut etwas erklären, außerdem führte er interessante und lehrreiche Übungen durch. Handwerklich war alles in Ordnung. Nur sein Kontaktverhalten war mangelhaft. Aber dieses vergleichsweise kleine Defizit hat dazu geführt, dass die gesamte Teilnehmergruppe seine Leistungen abgewertet hat. Er hat die Gruppe nicht für sich gewinnen können.

Ein wichtiger Grundsatz in der Kommunikation lautet:

Keine Kooperation ohne Kontakt.

Genau das hat mein junger Kollege nicht beherzigt. Er hat geglaubt, dass der Kontakt entsteht, wenn er ganz offiziell das Training startet und die Teilnehmer begrüßt. Falsch! Als das Rhetoriktraining begann, war die Kontaktphase schon beendet. Alle hatten sich gegenseitig aufmerksam begrüßt und miteinander einen Kontakt aufgebaut, nur er hatte nicht daran teilgenommen.

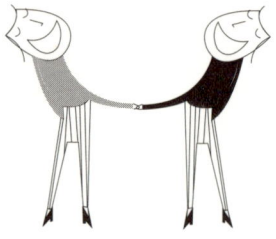

WIE SIE MIT FREMDEN LEUTEN EINEN GUTEN KONTAKT AUFBAUEN KÖNNEN

✘ Sie bekommen nur dann Kontakt zu anderen Menschen, wenn Sie mit dem ersten Werkzeug, der Aufmerksamkeit, anfangen. Also beachten Sie Ihr Gegenüber und wenn der andere Sie wahrnimmt, starten Sie den Kontakt mit einer Begrüßung.

✘ Mit welchen Worten oder Gesten Sie den anderen begrüßen, hängt von der Situation ab. Wichtig ist nur, dass die Begrüßung eindeutig freundlich ist. Lassen Sie keinen Zweifel darüber aufkommen, dass Sie es mit Ihrem Gegenüber gut meinen.

✘ Beim Kontakt zwischen Leuten, die sich fremd sind, kann auf beiden Seiten eine leichte Unsicherheit entstehen. Sie können sich und Ihr Gegenüber durch diese Unsicherheit manövrieren, indem Sie die üblichen Begrüßungsrituale vollziehen. Das sind Formulierungen wie: »Schön, dass Sie da sind. Sind Sie gut hergekommen?« zusammen mit einer Hallo-Geste oder einem Händedruck.

✘ Bleiben Sie in dieser Kontaktphase ganz präsent bei Ihrem Gegenüber. Kommen Sie mit leeren Händen. Also, nicht drei Sachen auf einmal machen, sondern alles stehen und liegen lassen und sich ganz der anderen Person zuwenden.

✘ Bieten Sie Ihrem Gegenüber einen ernst gemeinten Kontakt an. Ich empfehle Ihnen, die Frage »Wie geht's?« nur dann zu stellen, wenn Sie auch eine Antwort hören wollen.

✘ In der Kontaktphase will Ihr Gegenüber sich ein Bild von Ihnen machen. Der andere will wissen, was für ein Typ

Sie sind. Und falls er Sie schon kennt, will er wissen, was jetzt mit Ihnen los ist. Das geschieht am schnellsten, wenn Sie ein wenig mit dem anderen plaudern. Ein kleiner Smalltalk von zwei bis drei Sätzen zeigt bereits, aus welchem Holz Sie geschnitzt sind. Und Sie bekommen dabei auch umgekehrt einen Eindruck von Ihrem Gesprächspartner.

Kontakt aufzunehmen ist vor allem eine Sache der Priorität. Setzen Sie Ihre Prioritäten eindeutig in Richtung Mensch. Lassen Sie den lebendigen Menschen, dem Sie gerade begegnen, wichtiger sein als die leblosen Dinge, die schon da sind.

Eine der wichtigsten Formeln für eine gelungene Kommunikation lautet:

Zuerst der Mensch, dann die Sachen.

Ich vergleiche den ersten Kontakt gern mit einer Rutschbahn. Wenn wir gleich zu Beginn kaum Aufmerksamkeit bekommen und kein richtiger Kontakt aufgebaut wird, dann rutscht der spätere Umgang miteinander in eine gleichgültige Richtung. Ja, ein fehlender Kontakt kann am Ende sogar zu Misstrauen oder Ablehnung führen. Umgekehrt rutscht bei einem guten Kontakt der Umgang in eine vertrauensvolle Richtung.

Ein älterer Herr erzählte mir in einem Kommunikationstraining, wie er in seinem Beruf die Kontaktaufnahme gestaltet.

Ich bin nicht der Böse

»ICH ARBEITE IN DER BEHÖRDE UND KONTROLLIERE VOR ALLEM KLEINBETRIEBE. Dabei geht es um die Emissionen, die diese Firmen verursachen: Abwasser, Luftverunreinigungen und Lärmbelastung. Kein Firmeninhaber ist wirklich erfreut, wenn ich seinen Betrieb kontrolliere. Ich stoße oft auf Widerstand. Fast alle ärgern sich über die Behörden und die gesetzlichen Bestimmungen. Und das zeigen mir die Leute sehr deutlich. Mit den Jahren habe ich gelernt, dieses anfängliche Murren zu ignorieren. Denn wenn man sich gleich zu Beginn auf unerfreuliche Diskussionen einlässt, hat man sofort verloren. Ich gehe von Anfang an mit allen Leuten fair um. Die Verantwortlichen sollen merken, dass ich ihnen nicht schaden will. Ich bin nicht der Böse. Mit mir kann man zusammenarbeiten. Aber es nützt nichts, wenn man das nur in Worte fasst. Die Leute müssen das direkt merken und zwar an der Art, wie man auftritt. Die entscheidenden Weichen werden gleich beim ersten Kontrollbesuch gestellt.

Ich beachte grundsätzlich alle Mitarbeiter, die ich in dem Betrieb antreffe, und ich stelle mich korrekt vor. Zu Beginn sage ich auch ein paar freundliche Sätze, um die Stimmung ein wenig zu heben. Ich versuche immer irgendetwas zu finden, was in dem Betrieb lobenswert ist. Ich fahre mit dieser höflichen Art sehr gut. Ich habe viel weniger Ärger als andere Kollegen. Es kommt darauf an, welchen Kontakt man den Leuten anbietet.

Ein tragfähiger Kontakt hält etwas aus. Er ist belastbar wie eine gut gebaute Brücke. Ist so ein guter Kontakt entstanden, dann können Sie auch unangenehme Dinge mit Ihrem

Gesprächspartner besprechen, ohne dass die Verbindung gestört wird.

Vorsicht Fettnäpfchen!

Kontakt und fertig – wäre schön, wenn das immer so klappen würde. Leider gibt es hier ein paar (unsichtbare) Fettnäpfchen, in die Sie leicht treten können.

Die wichtigsten habe ich für Sie aufgelistet.

Sie verderben oder blockieren den Kontakt zu Ihrem Gegenüber, wenn Sie ...

... den anderen nicht beachten oder ihm zu wenig Aufmerksamkeit schenken

... eigentlich ganz etwas anderes tun und den anderen nebenbei abfertigen

... die Person nicht richtig anschauen können, keinen Blickkontakt aufnehmen

... sofort die Arme und Beine verschränken, also körpersprachlich dicht machen

... den anderen mit einem dummen Spruch begrüßen

... den anderen mit falschem Namen ansprechen

... den Kontakt gleich mit einer Kritik oder einem Vorwurf starten

... ein mürrisches Gesicht machen und keine wohlwollende Aufmerksamkeit ausstrahlen

... in einem gelangweilten oder ärgerlichen Tonfall sprechen.

Bei der Begrüßung wollen wir merken, dass wir wirklich willkommen sind. Wir möchten spüren, dass sich unser

Gegenüber auf uns einstellt. Wir brauchen ein Ja-Signal von anderen. Erst dann wächst bei uns die Bereitschaft, ein Gespräch zu führen. Fehlt dieses eindeutige Ja-Signal, dann gehen spätere Gespräche meistens schief.

Er ist rücksichtslos und lässt mich warten

In letzter Zeit ist bei uns oft schlechte Stimmung. Ich sitze den ganzen Tag zu Hause mit unserer Kleinen und warte darauf, dass mein Mann von der Arbeit heimkommt. Im Moment kümmere ich mich nur um unsere Tochter und dann will ich wenigstens am Abend auch mal mit einem Erwachsenen reden. Aber mein Mann ist rücksichtslos. Er lässt mich in letzter Zeit sehr lange warten und kommt erst spät nach Hause. Er behauptet, er mache Überstunden. Wenn ich so lange auf ihn warten muss, bin ich geladen und motz ihn sofort an, wenn er endlich da ist. Und er motzt zurück. Wir blubbern uns nur noch gegenseitig an. Der Abend ist gelaufen. Im Moment weiß ich nicht, wie ich da rauskommen kann.

ICH HABE GLEICH DREI ANTWORTEN FÜR SIE.
ERSTENS: NEHMEN SIE ZUERST KONTAKT ZU IHREN GEFÜHLEN AUF. Ihre Gefühle sind wichtig. Also, wie fühlen Sie sich, wenn Sie auf Ihren Mann warten?

Gerade wenn wir verärgert, enttäuscht oder frustriert sind, neigen wir manchmal dazu, unsere Gefühle in Vorwürfe zu übersetzen. Wir sagen dann: »Du bist rücksichtslos!«, aber eigentlich meinen wir: »Ich ärgere mich, weil ich bereits zwei Stunden auf dich warte.«

Sie können die Kommunikation mit Ihrem Mann verbessern, indem Sie sich über Ihre eigenen Gefühle klar werden und dann direkt über diese Gefühle reden, statt sie ins Motzen zu übersetzen. Sagen Sie Ihrem Mann, was Sie empfinden – ohne ihm die Schuld zu geben und ohne ihm Vorwürfe zu machen. Nur so wird er bereit sein, Ihnen zuzuhören und das an sich ranzulassen, was Sie sagen.

ZWEITENS: HINTER IHREN GEFÜHLEN STECKT EIN BEDÜRFNIS. Sie sehnen sich danach, mit einem Erwachsenen zu reden, weil Sie den ganzen Tag mit Ihrem kleinen Kind verbringen. Nehmen Sie Kontakt zu diesem Bedürfnis auf und kümmern Sie sich darum. Sorgen Sie dafür, dass Sie unter Leute kommen. Gerade wenn Sie ein kleines Kind versorgen, ist es wichtig, dass Sie auch gut für sich selbst sorgen. Überlegen Sie, wie und wo Sie andere Erwachsene, vielleicht andere Mütter, treffen könnten und wie Sie für Ihre Kleine eine stundenweise Betreuung finden, damit Sie auch mal Zeit für sich haben. Ihr Mann ist überfordert, wenn er für Sie der einzige Kontakt zur Erwachsenenwelt sein soll.

Indem Sie Ihre Gefühle und Bedürfnisse wahrnehmen und sich darum kümmern, verbessern Sie den Kontakt zu sich selbst. Und jetzt können Sie auch den Kontakt zu Ihrem Mann verbessern.

DRITTENS: LASSEN SIE IHREN MANN ABENDS IN RUHE ZU HAUSE ANKOMMEN. Begrüßen Sie ihn wohlwollend, wenn es geht, sogar liebevoll. Vielleicht setzen Sie sich beide ein paar Minuten zusammen, um sich gegenseitig Aufmerksamkeit zu schenken. Falls die Kleine wach ist, braucht sie auch den Kontakt zum Vater. Geben Sie sich Zeit, um sich wirklich zu begegnen, jeden Abend aufs Neue. Später können Sie über den Tag und über die Probleme reden. Lassen Sie aber auch Ihren Mann erzählen, was in seinem Job los ist, warum er so spät nach Hause kommt. Aber zuerst heißt es: »Schön, dass du da bist.«

Guten Tag, ich bin Ihr neuer Chef

Meine nervliche Belastung ist im Moment sehr stark. Privat bin ich gerade mit meiner Frau umgezogen und wir erwarten im Herbst unser erstes Kind. Beruflich hat sich auch viel verändert und das ist mein Hauptproblem. Ich fange in zwei Wochen in einer kleineren Firma als Leiter der Produktion an. Die Firma stellt Maschinenteile her. Das ist meine erste Führungsposition. Mein Vorgänger war bei allen sehr beliebt und ich möchte ebenfalls ein gutes Verhältnis zu den Mitarbeitern aufbauen. Ich habe bereits Kurse in Mitarbeiterführung besucht. Die Kurse waren interessant, aber teilweise auch sehr theoretisch. Ich hätte gern von Ihnen einen Rat, wie ich als neuer Leiter der Produktion am besten vorgehen sollte. Für jeden Tipp, den Sie mir geben können, wäre ich Ihnen dankbar.

DIE ERSTEN TAGE IN IHRER NEUEN FÜHRUNGSPOSITION WERDEN GANZ IM ZEICHEN DES GEGENSEITIGEN KENNENLERNENS STEHEN. Die Mitarbeiter wollen wissen, was für ein Typ ihr neuer Chef ist. Umgekehrt werden Sie viel Zeit damit verbringen, Ihre Mitarbeiter kennenzulernen. In diesen ersten Tagen können Sie aktiv das Fundament gestalten, auf dem die künftige Zusammenarbeit ruht. Dieses Fundament besteht vor allem aus einem guten Kontakt.

Hier einige Tipps von mir, wie Sie so einen guten Kontakt von vornherein aufbauen können. Begrüßen Sie Ihre Mitarbeiter einzeln mit Händedruck und stellen Sie sich persönlich vor. Soweit es Ihnen möglich ist, prägen Sie sich die Namen der Mitarbeiter ein. Stellen Sie ein paar Fragen, um den Kontakt etwas mehr zu vertiefen. Wie lange ist der Betreffende schon in der Firma? Welche Spezialkenntnisse hat er und Ähnliches. Seien Sie bei diesem ersten persönlichen Kontakt sehr aufmerksam und lassen Sie sich nicht ablenken. Sperren Sie Ihre Ohren auf und lernen Sie Ihre Leute kennen. Merken Sie sich, so viel Sie können. Es ist aber auch kein Problem, wenn Sie später noch einmal nachfragen.

Feiern Sie mit Ihren Mitarbeitern den Beginn Ihres neuen Jobs. Orientieren Sie sich dabei an dem, was in der Firma üblich ist. Bei so einer kleinen Feier ist es sehr sinnvoll, dass Sie ein wenig mehr über sich erzählen. Ihre Mitarbeiter wollen auch den Menschen hinter der Leitungsrolle kennenlernen. Es bietet sich an, ein wenig von Ihrem Umzug zu erzählen und davon, dass Sie im Herbst zum ersten Mal Vater werden. Viele ihrer Mitarbeiter kennen so etwas aus eigener Erfahrung und schon ergeben sich ein paar Plaudereien. Erzählen Sie nicht nur von sich, sondern stellen Sie auch Fragen und hören Sie sehr gut zu. Damit wächst der persönliche Kontakt zu jedem einzelnen Mitarbeiter. Und genau dieser Kontakt ist Grundlage für Ihre Führungstätigkeit. In den offiziellen Besprechungen bzw. Meetings zeigen Sie Ihren Mitarbeitern, welche fachliche Qualifikation Sie mitbringen und wie Sie sich die Leitung der Produktion vorstellen. Damit decken Sie beide Seiten ab: Sie bieten Ihren Leuten einen guten fachlichen und auch einen guten persönlichen Kontakt an. Das ist die Grundlage für eine hervorragende Zusammenarbeit.

Komm ruhig näher! Bleib mir vom Hals!

Nicht alle Menschen haben die gleichen Vorlieben, wenn es um die Intensität des Kontakts geht. Manche Menschen sind, so wie ich zum Beispiel, von Haus aus eher distanziert. Wenn Sie so einem distanzierten Menschen beim ersten Kennenlernen gleich ein Bussi links und ein Bussi rechts aufdrücken, ist das für den Betreffenden zu viel. Zu viel Nähe, zu viel Körperkontakt, zu viel Vertrautheit. Auch distanzierte Menschen brauchen Kontakt, aber nicht gleich zwei Zentner Herzlichkeit nach dem ersten Hallo.

Andere Menschen wiederum fühlen sich erst bei einem warmherzigen und intensiven Kontakt so richtig wohl. Sie können es ab, wenn man dichter ranrückt, Bussis verteilt und viel Wärme verströmt. Ein richtig guter Kontakt sieht nicht für alle gleich aus. Also, wie viel Kontakt braucht Ihr Gegenüber?

Achten Sie darauf, was Ihnen Ihr Gegenüber anbietet. Die meisten Menschen bieten die Art von Kontakt an, die sie selbst gut vertragen.

Also, wie tritt Ihr Gegenüber an Sie heran? Kommt die Person zögerlich auf Sie zu? Dann seien Sie aufmerksam und etwas zurückhaltend.

Tritt jemand freudestrahlend dicht an Sie heran, geben Sie dem Betreffenden ruhig die Hand, schauen Sie ihm tief in die Augen und zeigen Sie Ihre Freude darüber, dass er da ist.

Eine formal-höfliche Begrüßung beantworten Sie auf der gleichen Ebene mit einem formal-korrekten »Guten Tag!«.

Wir fühlen uns weniger fremd, wenn wir auf jemanden treffen, der sich so ähnlich benimmt wie wir. (Mehr dazu erkläre ich Ihnen im nächsten Kapitel. Dort geht es um das dritte Werkzeug, die gemeinsame Wellenlänge.)

Stellen Sie sich Ihre Kontaktfähigkeit wie einen Regler vor, den Sie von links nach rechts schieben können. Links ist das distanzierte Verhalten mit viel Abstand und wenig Berührung. Je weiter Sie den Regler nach rechts schieben, desto warmherziger, näher und intensiver wird die Begrüßung.

Es ist leichter für Sie, die richtige Einstellung zu finden, wenn Sie keine Werturteile fällen. Das distanzierte Kontaktverhalten ist nicht besser oder schlechter als das warmherzige Kontaktverhalten. Wenn wir jemanden neu kennenlernen, fangen wir meistens etwas zurückhaltender an, oft mit der üblichen Normalbegrüßung. Wenn wir uns häufiger treffen und die Beziehung sich vertieft, geht der Kontaktregler weiter nach rechts. Wir gehen warmherziger miteinander um. Der Kontakt kann mit einem netten »Hallo!« beim ersten Treffen beginnen und später in eine Freundschaft münden, in der man sich zur Begrüßung umarmt.

Die meisten Beziehungen haben einen Punkt, an dem der Kontaktregler stehen bleibt. Auch wenn Sie Ihren Nachbarn seit zehn Jahren kennen, werden Sie ihn womöglich nie umarmen oder mit einem Kuss begrüßen.

Es gibt auch Beziehungen, in denen sich der Regler von der Warmherzigkeit zur Distanz hinbewegt. Denken Sie an Liebesbeziehungen, die sich langsam abkühlen. Am Ende, wenn sich das Paar getrennt hat, bemühen sich vielleicht beide Seiten nur noch darum, den Kontakt formal-höflich zu gestalten. Geküsst wird sich nicht und falls doch, dann nur auf die Wange.

Der Null-Zentimeter-Kontakt

ICH KONNTE IHM WIRKLICH NICHT AUS DEM WEG GEHEN. Die Begegnung mit ihm war unvermeidbar, denn er war der Mann, der meine Vortragstournee organisiert hatte und der sie auch begleitete. Bevor der jeweilige Vortrag losging, besprach ich mit ihm die technischen Details. Er sorgte dafür, dass das Mikrofon richtig funktionierte und dass ich gut ausgeleuchtet wurde. Nach dem Vortrag machten wir immer eine kurze Auswertung. Wir redeten darüber, ob alles in Ordnung war, wie viele Leute da waren, wie mein Vortrag beim Publikum ankam. Dieser Mann machte seinen Job prima, aber sein Kontaktverhalten war für mich eine Katastrophe.

Jedes Mal, wirklich jedes Mal, wenn wir miteinander redeten, rückte er mir auf die Pelle. Er kam zu dicht an mich heran. Er praktizierte einen Null-Zentimeter-Kontakt. Ging ich einen Schritt zurück, kam er hinterher. Drehte ich mich zur Seite, baute er sich direkt vor mir auf. Immer auf Tuchfühlung. Flucht war unmöglich. Bei jedem Gespräch mit ihm war ein Teil meines Hirns ständig damit beschäftigt, den jeweiligen Abstandsverstoß zu registrieren und zu kommentieren.

Ich mochte diese Nähe zu ihm nicht und ich machte mir Gedanken über ihn. War er ein unsensibler Holzklotz, der kein Gefühl für den richtigen Abstand hatte? Oder hatte ich es mit einem respektlosen Macho zu tun, der die Distanzzonen von Frauen grundsätzlich ignorierte?

Nach zwei Vorträgen und vier engen Gesprächen war er für mich zum Problemfall geworden. In meinem Hirnkästchen hatte ich ihm bereits ein negatives Etikett verpasst. Ja, der Mann war distanzlos, taktlos und schwierig.

Rein äußerlich ließ ich mir nichts anmerken. Ich lächelte, wenn ich ihn vor einem Vortrag begrüßte, aber innerlich war ich keineswegs hocherfreut. Ich wusste, gleich wird es eng, gleich fühle ich mich von ihm erdrückt.

Was gebe ich in meinen Büchern eigentlich für Tipps? Es wurde Zeit, dass ich mich an das halte, was ich anderen Leuten gern empfehle: den Mund aufmachen und darüber reden. Aber wie sage ich es ihm?

Wieder stand er so dicht neben mir, dass sich unsere Oberarme berührten. Ich konnte nicht weiter zurückgehen, weil ich schon mit dem Rücken an der Wand stand.

Das war der Augenblick, in dem ich mich entschloss, ihm ein Feedback zu geben:»Verzeihung, aber ich muss kurz etwas loswerden. Mir ist aufgefallen, dass Sie ganz dicht an mich heranrücken. Wir haben hier praktisch null Zentimeter Abstand zueinander. Mir persönlich ist das etwas zu nahe. Können wir ein wenig auseinanderrücken?«

Er war sichtlich irritiert, ging sofort einen Schritt zurück. »Oh, Pardon!«, entschuldigte er sich. »Das ist eine blöde Angewohnheit von mir.«

Ich murmelte etwas von:»Ach, ist nicht so schlimm.«

Und dann sagte er:»Wissen Sie, ich bin schwerhörig. Weil ich schon als Kind schlecht hören konnte, bin ich immer sehr nahe an die Leute herangerückt, um sie besser zu verstehen. Das mach ich jetzt auch noch, obwohl ich ein gutes Hörgerät trage. Das Gerät steckt hier in meinem Ohr.« Er drehte sein linkes Ohr in meine Richtung und jetzt musste *ich* dichter an ihn ranrücken. Sein Hörgerät war kaum zu sehen. »Dass ich so dicht bei Ihnen stehe, ist noch ein Überbleibsel aus alten Zeiten. Reine Gewohnheit.«

Ich glaube, ich bin knallrot geworden, als er das sagte. Ich schämte mich. Er war schwerhörig und ich hatte den Mann in eine negative Schublade gesteckt.

»Verzeihen Sie«, sagte ich zu ihm.

Er beschwichtigte mich:»Frau Berckhan, Sie müssen sich nicht entschuldigen, Sie haben doch nichts falsch gemacht.«

Oh, er hatte keine Ahnung, was ich über ihn gedacht hatte.

Doch wollte ich mich bei ihm entschuldigen. Auch deshalb, weil ich meine Aufmerksamkeit so sehr auf das fixiert hatte, was mich an ihm störte, während ich zugleich das übersehen habe, was er geleistet hat. Er hat die gesamte Organisation der

Vorträge wunderbar hinbekommen. Ich habe ihn nur als denjenigen gesehen, der keinen Abstand halten kann.

Und mich dafür entschuldigen, dass ich das Ganze nicht eher angesprochen habe. Ich hatte aber auch ein Schulterklopfen für mich übrig, weil ich doch noch vernünftig geworden war und den Mund aufgemacht habe.

Ich will Ihnen gern sagen, wie die Sache ausging. Er rückte mir auch weiterhin, wie gewohnt, zu dicht auf die Pelle. Aber jetzt, wo ich wusste, was dahintersteckte, störte es mich nicht mehr so sehr. Hin und wieder sagte ich zu ihm: »Oh, wieder zu dicht. Ich brauch Abstand!«

Er ging einen Schritt nach hinten, wir redeten normal weiter, währenddessen rückte er wieder auf null Zentimeter heran. So ging es die ganze Zeit. Nein, er hat sich nicht völlig geändert. **ABER ICH DURFTE EINIGES LERNEN – ÜBER MICH.**

Ich steck dich in die Schublade

Lassen Sie uns ehrlich sein. Wir alle haben die Neigung, andere Leute ziemlich schnell in eine Schublade zu stecken. Jemand benimmt sich irgendwie seltsam oder sieht komisch aus und schon hat unser Denken ein pauschales Urteil über diese Person gefällt. Viele Schubladen, in die wir andere Leute packen, sind abwertend. Das geht blitzschnell und schon ist der andere bei uns unten durch: Der eine Typ ist aufdringlich und der andere ist angezogen wie ein autistischer Computerfreak, die Frau sieht aus wie eine Barbiepuppe und der alte Mann guckt so gruselig wie mein Mathelehrer in der fünften Klasse.

Unser Schubladendenken bestimmt, ob wir jemanden ignorieren oder mit ihm flirten. Ob wir uns in der Bahn lieber woanders hinsetzen oder ob wir mit der Person ein Gespräch anfangen. All das entscheiden wir im Bruchteil einer Sekunde. Angeschaut, Schublade auf, rein mit dem anderen, Schublade zu. Jetzt ist unser Gegenüber festgeklemmt zwischen unseren Pauschalurteilen.

Manchmal reicht es schon, wenn wir hören, was für einen Beruf oder welche Hobbys jemand hat, und schon haben wir denjenigen einsortiert. Viel zu selten überprüfen wir, ob unsere Pauschalurteile auch wirklich stimmen.

Leute gleich in abwertende Schubladen zu stecken, erschwert den Kontakt mit diesen Menschen. Und das macht uns auch einsam. Wenn Sie es schwierig finden, nette Leute kennenzulernen, weil überall nur Idioten rumlaufen, dann könnte das an Ihrem negativen Schubladen-Denken liegen. Vielleicht geben Sie den Leuten keine Chance, weil Sie zu sehr an Ihre ausgedachten Blitz-Beurteilungen glauben.

Mir selbst hilft es sehr, wenn ich mich hin und wieder daran erinnere, dass Menschen niemals nur ein Typ sind, sondern dass die Persönlichkeit immer ein Gemischtwarenladen ist. Wir sind alle wesentlich mehr als das, was wir in unseren Schaufenstern anbieten.

Wie schätzt du mich ein?

Viele unserer Schubladen im Kopf haben etwas mit unseren frühen Erfahrungen zu tun. Nehmen wir mal an, ich rede so wie Ihre Tante Ingrid und die haben Sie schon als Kind nicht gemocht, weil die Ihnen immer nur kratzige Wollstrümpfe zum Geburtstag geschenkt hat. Jetzt treffen Sie mich und weil ich Sie an Ihre Tante Ingrid erinnere, bin ich Ihnen nicht besonders sympathisch. Der Kontakt zwischen uns klappt einfach nicht. Ich komme nicht an Sie ran. Ich kann mich abmühen, wie ich will, Sie reden lieber mit anderen Leuten.

Das Ganze läuft natürlich auch umgekehrt. In dem Moment, in dem ich Sie sehe, geht bei mir ebenfalls der gesamte Einschätzungszauber los. Ich mache mir ein Bild von Ihnen, ich beurteile Sie. Und jetzt überlegen Sie bitte einen Moment: Können Sie wirklich von außen beeinflussen, in welche Schublade ich Sie stecke? Können Sie dafür sorgen, dass ich nicht an irgendwelche ungeliebten Onkel und Tanten erinnert werde, wenn Sie vor mir stehen? Nehmen wir mal an, Sie würden tatsächlich alles tun, damit ich Sie positiv beurteile. Könnten Sie sicher sein, dass ich Sie wirklich in einem positiven Licht sehe? Und was ist, wenn ich mitbekomme, wie sehr Sie es drauf anlegen, bei mir gut anzukommen? Könnte es nicht sein, dass ich Sie gerade deswegen in eine negative Schublade stecke, weil Sie so einen Aufwand betreiben?

Ich will mit diesen Fragen auf eine nüchterne Erkenntnis hinaus: Wir können nicht kontrollieren, in welche Schubladen uns andere Menschen stecken.

Ich weiß nicht, was meine Kleidung, meine Frisur, meine Art zu reden bei Ihnen auslöst und welche Schublade Sie für mich aufziehen. Alles, worauf ich hoffen kann, ist, dass Sie bereit sind, mich direkt zu erleben.

Denn eines ist sicher: Keiner von uns passt in irgendeine vorgefertigte Schublade.

Merken, was der Kopf sich ausdenkt

Jeder von uns hat so ein Schubladen-Denken, das schnelle Urteile über andere Menschen abgibt. Es ist eine Art Überlebensmechanismus, der uns in der Frühgeschichte der Menschheit geholfen hat, blitzschnell zwischen Gefahr und Sicherheit, zwischen Freund und Feind zu unterscheiden. Es reichen wenige kurze Wahrnehmungen und das menschliche Gehirn trifft eine Entscheidung, ob die Situation gefährlich oder harmlos ist. Diese Fähigkeit hat den Menschen geholfen, den Planeten zu bevölkern. Und diese Art zu denken haben wir nicht verloren. Wir können immer noch blitzschnell, aufgrund weniger Anhaltspunkte unser Gegenüber einsortieren. Nur haben wir heutzutage viel mehr Schubladen zur Verfügung als nur Freund und Feind. Wir kennen auch total kaputte Typen, Langweiler, aufgeblasene Angeber, Zimtzicken, Miesepeter, Schönlinge, Besserwisser, biedere Hausfrau und so weiter.

Sie können Ihr eigenes Schubladen-Denken nicht abschaffen, aber Sie können es transparent machen. Sie können es durchschauen. Alles, was Sie brauchen, ist ein wenig Bewusstheit.

Nehmen Sie bewusst wahr, in welche Schubladen Sie Ihre Mitmenschen einsortieren. Eine Gelegenheit, um das zu merken, haben Sie immer, wenn Sie das Haus verlassen. Die nachfolgende Übung können Sie unauffällig auf der Straße, im Supermarkt, im Bus, in der Bahn, auf dem Kinderspielplatz oder in der Warteschlange vor der Kinokasse durchführen.

NEHMEN SIE KONTAKT ZU IHREM
SCHUBLADEN-DENKEN AUF

✗ Schauen Sie sich Ihre Mitmenschen unauffällig an. Achten Sie darauf, was Sie von der anderen Person wahrnehmen. Wo schauen Sie hin? Auf den Körper, die Figur, das Gesicht? Oder achten Sie mehr auf die Kleidung? Fällt Ihnen die Körperhaltung auf oder sind es die Bewegungen des anderen, die Sie registrieren? Stellen Sie bewusst fest, auf welche Merkmale Ihre Wahrnehmung als Erstes anspringt.

✗ Welche Schlussfolgerungen bietet Ihnen Ihr Kopf an? Achten Sie darauf, welche Gedanken bei Ihnen automatisch entstehen, wenn Sie eine andere Person wahrnehmen. Wie schätzen Sie diesen Menschen ein?

✗ Fürchten Sie sich nicht vor Ihren Gedanken. Sie können sich nur vom Schubladen-Denken befreien, wenn es Ihnen bewusst wird. Bewusstsein ist der Schlüssel, um die Vorurteile zu überwinden.

✗ Schließen Sie die Übung ab, indem Sie zwei Dinge voneinander trennen. Trennen Sie Ihre Wahrnehmung von Ihren weiterführenden Gedanken. Machen Sie sich klar, dass Ihre Gedanken über eine fremde Person nur Spekulationen sind. Sie wissen nur das, was Sie wahrgenommen haben, also das, was Sie vom anderen wirklich gesehen, gehört, gerochen haben. Alle weiteren Gedanken sind eine reine Fantasy-Produktion.

Ich darf Ihnen jetzt eine einleuchtende und zugleich erschreckende Erkenntnis mitteilen. Unsere Schubladen, in die wir andere Leute stecken, sagen mehr über uns selbst aus als über andere Leute. Zum Beispiel: Wenn ich andere danach beurteile, wie dicht sie an mich heranrücken, dann ist die Sache mit dem richtigen Abstand vor allem mein Problem.

Wenn Sie beispielsweise andere Leute nach ihrem Gewicht und ihrem Körperumfang beurteilen und daraufhin in Schubladen stecken, raten Sie mal, womit Sie ein Problem haben?

Schubladen-Denken heißt, dass wir im Grunde andere Leute in die Schublade stecken, die bei uns selbst klemmt. Und da schließt sich der Kreis: Fremdbeurteilung ist auch eine Selbstbeurteilung.

Nicht nur die negativen, abwertenden Schubladen in unserem Kopf sind problematisch. Auch die positiven Schubladen können uns zum Verhängnis werden. Jemanden sofort für einen ganz tollen Hecht zu halten, ist manchmal ein Fehler. Diese Erfahrung machte auch Nina.

Er muss der Richtige für mich sein

NINA TRÄUMTE VOM GROSSEN GLÜCK. Und für sie hieß das Ehe und Kinder. Sie hatte keine Lust mehr auf flüchtige Bekanntschaften und lose Beziehungskisten, die am Ende zu nichts führten. Die Partnersuche war schwierig, obwohl Nina die besten Voraussetzungen mitbrachte. Sie war 32 Jahre alt, sah sehr gut aus und arbeitete als Arzthelferin. Seit über acht Monaten suchte sie ihren Traummann online, im Internet. Nachdem sie einige Nieten gezogen hatte, war da einer, der einen ganz guten Eindruck machte. Auf dem Portraitfoto sah er zwar nur durchschnittlich aus, aber er schrieb, dass er groß sei, über eins achtzig, und dass er einen athletischen Körper hätte. Und Geld hätte er auch.

Beide fingen an, Kontakt aufzunehmen, per E-Mail. Sie erfuhr, dass er irgendetwas mit Aktienhandel zu tun hatte. Er mochte, wie sie auch, Strandspaziergänge und er hatte sich vor Kurzem eine Ferienwohnung an der französischen Riviera gekauft.

Was er schrieb, passte sehr gut in Ninas Traummann-Schublade. Ihr Herz klopfte schneller. War er der Typ fürs Leben, fürs Miteinander-alt-Werden? Sollte er derjenige sein, der sie aus ihrer Einsamkeit befreit und mit dem sie eine Familie gründen kann? Der Mann mit Stil und Geld und mit einer Ferienwohnung am Meer.

Er wohnte gut zweihundert Kilometer entfernt. Aber am kommenden Wochenende war er in der Stadt, in der Nina lebte. Sie trafen sich in einer Bar.

Das Erste, was Nina feststellte, war, dass er anders aussah als auf dem Foto. Er wirkte älter und kleiner, als er angegeben hatte. Nina war eins siebzig. Er war genauso groß. Und er war auch nicht athletisch gebaut. Sein Bauch hing deutlich über dem Hosenbund. Aber Nina klammerte sich an ihre Traummann-Schublade. Sie sagte zu sich selbst, dass das alles doch nur Äußerlichkeiten seien. Hauptsache, er war da.

Er bestellte für beide Cocktails – einfach so, ohne Nina zu fragen. Und dann machte er ihr gleich ein paar dicke Komplimente, die er ihr ins Ohr flüsterte. Wie schön ihr Haar sei, dass sie einen unwiderstehlich süßen Mund hätte. Er war so nahe, so zutraulich. Sie hätte gern mehr über ihn erfahren, aber er machte ihr weiterhin Komplimente. Nach dem dritten Cocktail sprach er nur noch bewundernd über ihren Körper. Sie sei die schönste Frau, die er je getroffen hatte. Er sagte, er sei jetzt schon in sie verliebt. Nina fühlte sich wie auf Wolke sieben, obwohl das alles ein bisschen zu schnell für sie war. Eine Stunde später passierte es. Nina nahm ihn mit zu sich nach Hause, eigentlich nur, um ihn noch besser kennenzulernen. Es wurde ein One-Night-Stand.

Noch in derselben Nacht kam die Ernüchterung. Er machte ihr klar, dass er das Ganze gern mal wiederholen würde, wenn er wieder in der Gegend sei. Er suche nach einer Frau für gelegentliche Treffen. Nein, eine feste Bindung wollte er eigentlich nicht. Nina fiel aus allen Wolken.

Sie fühlte sich ausgenutzt und missbraucht. Zu alledem kam noch ihre Selbstzerfleischung. Sie gab sich die Schuld für das Desaster. Sie wollte so dringend und unbedingt, dass er der Richtige war. Deshalb hat sie die kleinen und großen Schrägheiten im Kontakt einfach ignoriert. Dabei waren diese Schrägheiten von Anfang an so offensichtlich. Bei seiner Körpergröße und seiner Figur hatte er gelogen. Er war viel zu dominant, zu aufdringlich. Er überschüttete sie zu schnell mit zu vielen Komplimenten. Und von sich selbst gab er so gut wie nichts preis. Nina fiel auf seine Masche rein, weil sie unbedingt wollte, dass dieser Mann in ihre Er-ist-der-Richtige-Schublade reinpasste.

Zum Schluss war ihre Enttäuschung tatsächlich das Ende einer Täuschung.

Ob die Schublade nun positiv ist oder negativ, wir jonglieren nur mit Vorurteilen. Das einzige Mittel, das uns da heraushelfen kann, ist eine klare Wahrnehmung. Eine klare Wahrnehmung bedeutet, den anderen wirklich zu sehen, zu hören und zu fühlen, anstatt nur die eigenen Erwartungen auf ihn zu projizieren. Hier hilft das erste Werkzeug, die Aufmerksamkeit. Wirklich aufmerksam sein heißt auch, die eigenen Empfindungen wach und klar wahrzunehmen. Wenn wir uns mit jemandem treffen, können wir auch merken, welche Schublade wir von vornherein aufgezogen haben. Die besten Tipps dazu habe ich hier für Sie aufgelistet.

SO KÖNNEN SIE ANDERE MENSCHEN
KLAR WAHRNEHMEN

✘ Achten Sie bei einer Begegnung nicht nur darauf, wie Ihr Gegenüber aussieht oder sich benimmt, achten Sie auch darauf, wie Sie gedanklich und gefühlsmäßig auf den Betreffenden reagieren. Nehmen Sie Kontakt zu Ihrem Gegenüber auf und bleiben Sie mit sich selbst in Kontakt.

✘ Stellen Sie fest, ob Sie etwas Bestimmtes vom anderen erwarten oder sich in irgendeine Richtung Hoffnungen machen. Achten Sie darauf, ob Sie Ihr Gegenüber pauschal beurteilen oder in eine Schublade stecken.

✘ Bleiben Sie Ihrem direkten Erleben treu. Erlauben Sie sich wahrzunehmen, was mit Ihrem Gegenüber gerade los ist. Schauen Sie genau hin, hören Sie dem anderen wirklich zu. Ihre klare Wahrnehmung ist das beste Mittel gegen Vorurteile und Schubladen-Denken.

✘ Erinnern Sie sich daran: Ihre Beurteilung eines Menschen ist nicht die vollständige Wahrheit über ihn. Kein Mensch ist nur das, was Sie von ihm denken.

Das Bild, das wir uns von jemandem machen, ist niemals so, wie die Person wirklich ist. Das gilt nicht nur für neue Bekanntschaften, das gilt auch für alte Bekannte. Wir neigen dazu, auch unsere Angehörigen, Freunde, Kollegen und Nachbarn in Schubladen zu stecken. Es lohnt sich, diese vertrauten Menschen aus den Schubladen herauszuholen und sie jeden Tag aufs Neue kennenzulernen. Keiner von uns ist immer gleich. Wir entwickeln uns weiter. Auch bei vertrauten, geliebten Menschen gilt: den anderen wirklich wahrnehmen, statt sich etwas zusammenzufantasieren.

ZUSAMMENFASSUNG

✗ Menschen wollen merken, dass sie willkommen sind.

✗ Der Kontakt ist der Beginn einer tragfähigen Beziehung.

✗ Eine gute Zusammenarbeit entsteht erst durch einen guten Kontakt.

 ✗ Menschen brauchen unterschiedlich viel Nähe oder Distanz bei der Begrüßung.

✗ Wir neigen dazu, Menschen schon bei der allerersten Begegnung in Schubladen einzusortieren. Keine unserer Schubladen sagt etwas darüber aus, wie der andere wirklich ist.

✗ Wir können den Kontakt zu anderen Menschen verbessern, indem wir bereit sind, andere Menschen direkt zu erleben, statt nur auf unsere Einbildungen zu hören.

DAS DRITTE WERKZEUG:

Die gemeinsame Wellenlänge

Die gemeinsame Wellenlänge ist entscheidend für den Übergang von einer kurzen Begegnung zu einer tragfähigen Beziehung. Der Begriff *gemeinsame Wellenlänge* beschreibt die Resonanz, den Gleichklang in der Kommunikation. Es ist unser Gefühl, das uns sagt, dass unser Gegenüber uns – trotz aller Unterschiede – doch irgendwie ähnlich ist.

Abb. 3 Gute Beziehungen entstehen, wenn eine gemeinsame Wellenlänge da ist

Gut blamiert ist halb gewonnen

BISHER LIEF ALLES BESTENS. Ich habe gerade vor hundertfünfzig Mitarbeitern einen Vortrag gehalten. Das Publikum hat viel gelacht und am Schluss lange geklatscht. Mein Job war erledigt. Nun kam der nahrhafte Teil des Abends. Es gab für alle einen Stehimbiss. Ich hatte Hunger und da stand es: ein riesiges Büfett mit Fingerfood. Der Mann, der mich für diesen Vortrag angeheuert hatte, Herr Dr. Wichtig, wollte beim Stehimbiss noch ein paar Takte mit mir reden. Ich ahnte, worum es ging. Die Firma suchte einen Trainer für die Weiterbildung der Führungskräfte. Den Auftrag würde ich gern an Land ziehen. Nach dem guten Vortrag, den ich gerade aufs Parkett gelegt hatte, standen meine Chancen nicht schlecht. Aber jetzt musste ich erst einmal etwas essen.

Die Teller waren klein, aber wenn man es geschickt arrangierte, konnte man eine Menge Fingerfood-Teilchen darauf unterbringen. Fingerfood – das kling zunächst locker und unkompliziert, kann aber durchaus eine logistisch-technische Herausforderung sein. Ich stand vor folgendem Problem: Wie isst man mit den Fingern von einem beladenen Teller, wenn man gleichzeitig ebendiesen Teller in der einen Hand und in der anderen Hand ein Glas und eine Serviette hält? Mir fehlte eine freie Hand. Aber das war nicht das einzige Problem, mit dem ich zu kämpfen hatte. Die Häppchen machten mir das Essen schwer. Diese kleinen Leckerbissen waren turmhoch dekoriert, und um sie in meinen Mund zu bekommen, musste ich ihn sehr weit aufreißen. Gleich beim ersten Bissen ging was daneben. Die Olive, die zur Krönung obendrauf lag, schaffte es nicht. Sie landete auf dem Fußboden, ein Teil des cremigen Belags hing mir an den Lippen.

Zu diesem Zeitpunkt war ich bereits umringt von Leuten, die

alle von meinem Vortrag begeistert waren. Sie sprachen mit mir über das, was sie amüsant fanden oder was sie beeindruckt hatte. Währenddessen kaute ich mit verschmiertem Mund und überlegte, ob ich die Olive vom Fußboden aufsammeln sollte. Sich jetzt zu bücken, mit dem vollen Fingerfood-Teller, umringt von Leuten – nein, das erschien mir doch zu schwierig. Ich antwortete kurz und freundlich auf die Komplimente – so weit das mit vollem Mund möglich war. Irgendwie ließen mich diese turmhohen Häppchen nicht gut aussehen. Also schnappte ich mir die gefüllte Blätterteigtasche. Ein Fehler, wie sich schnell herausstellte. Während ich oben in die Blätterteigtasche biss, tropfte unten die Füllung heraus, direkt auf das Revers meines dunkelblauen Businessblazers. Und ausgerechnet in diesem Moment stand er vor mir: Herr Dr. Wichtig. Er war bereit, mit mir über weitere Aufträge zu reden und ich war bekleckert – nicht mit Ruhm, sondern mit Frischkäse.

Ich griff reflexartig zur Serviette und wischte an dem Fleck herum. Das führte dazu, dass ich jetzt obenrum ganz und gar eingefettet war. Dabei bekam mein voll gepackter Teller, den ich in der linken Hand hielt, eine leichte Schräglage. Beinahe wären alle Fingerfood-Teile auf dem Fußboden gelandet, direkt neben der Olive. Herr Dr. Wichtig griff geistesgegenwärtig zu und hielt meinen Teller fest. In den Gesichtern der Umstehenden sah ich kaum Mitgefühl. Die meisten grinsten mich an, einige sogar mit einem leichten Anflug von Schadenfreude. Während meines Vortrags hatte ich einen guten Eindruck gemacht. Jetzt wurde ich von hinterhältigen Fingerfood-Teilen angegriffen.

Herr Dr. Wichtig war charmant und höflich. »Ist mir auch schon passiert«, sagte er lächelnd. Und dann fiel mir auf, warum er so souverän wirkte: Er hatte keinen Teller in den Händen, er stopfte sich nichts in den Mund. Er versuchte nicht gleichzeitig zu essen, zu reden und einen guten Eindruck zu machen. Er setzte sich klare Prioritäten. Hätte ich das bloß auch getan.

Übrigens – die Geschichte ging gut aus. Ich bekam den Auftrag und leitete in der Firma mehrere Fortbildungsseminare für Führungskräfte. Einige der späteren Teilnehmer waren dabei, als ich mich mithilfe einer Blätterteigtasche eingefettet habe. Sie waren sich alle einig, dass das Ganze sehr lustig war. Einer sagte später zu mir: »Ach, Frau Berckhan, dieses kleine Malheur hat Ihnen einen menschlichen Anstrich verliehen.«

Dieser Satz ging mir lange Zeit nicht aus dem Kopf: Muss mir erst etwas Peinliches passieren, damit ich einen menschlichen Anstrich bekomme? Wirke ich im Normalzustand wie ein Roboter oder wie eine außerirdische Lebensform? Was macht einen Menschen eigentlich sympathisch?

Vergiss den guten Eindruck

Kennen Sie den Spruch »Für den ersten Eindruck gibt es keine zweite Chance«?

Ehrlich gesagt, für mich klingt das hart und erpresserisch, so nach dem Motto: Streng dich an, sonst bist du bei den anderen unten durch – für immer. Das ist natürlich Quatsch.

Der erste Eindruck ist wichtig, aber damit hört der Kontakt ja nicht auf. Es gibt einen zweiten, einen dritten, einen vierten Eindruck und die zählen auch. Das Blatt kann sich während des Kontakts noch wenden. Sie können, wie ich, einen guten ersten bis vierten Eindruck abliefern und sich dann beim fünften bis zehnten Eindruck total blamieren.

Ich selbst habe es aufgegeben, absichtlich einen guten Eindruck zu machen. Bei mir klappt das nicht. Je mehr Mühe ich mir gebe, erfolgreich und attraktiv rüberzukommen, umso eher geht der Schuss nach hinten los.

Ich ziehe mich gut an, frisiere und schminke mich perfekt, betrete erhobenen Hauptes den Raum und dann stolpere ich wie Dick und Doof über Teppichkanten und Türschwellen. Ich präsentiere mich absichtlich sehr ruhig und gelassen und im nächsten Moment fallen mir alle Papiere aus der Hand. Während ich selbstbewusst, mit überzeugender Stimme meine Erfolge aufzähle, klemmt zwischen meinen Vorderzähnen ein großes Stück Petersilie.

Ehrlich, wenn Sie wissen wollen, wie man einen guten Eindruck macht, lesen Sie bitte ein anderes Buch. Ich kann Ihnen erklären, wie Sie es problemlos schaffen, bei einem eleganten Geschäftsdinner die weiße Tischdecke mit Salatdressing zu verzieren.

Lass die Leute denken, was sie wollen

Ich möchte Ihnen hier eine lebenslange große Erleichterung verschaffen. Und die lautet:

Der Eindruck, den Sie auf andere Leute machen, geht Sie nichts an. Was andere Leute wirklich über Sie denken, ist allein deren Sache. Es ist nicht Ihre Angelegenheit, in welche Schublade Ihre Mitmenschen Sie stecken. Stellen Sie darüber keine Vermutungen an, hegen Sie keine Erwartungen. Was sich in den Köpfen Ihrer Mitmenschen abspielt, können und müssen Sie nicht kontrollieren.

Aber keine Angst, so ganz ohne Einfluss bleiben Sie nicht. Ich weiß, Sie möchten manchmal einen guten Eindruck machen. Bei einem Bewerbungsgespräch zum Beispiel oder wenn Sie das erste Date mit einem heißen, potenziellen Partner haben. Wie soll das gehen, wenn Sie dabei auf den guten ersten Eindruck verzichten?

Mithilfe dieses dritten Werkzeugs, der gemeinsamen Wellenlänge, können Sie viel mehr erreichen als mit einem guten ersten Eindruck.

Seit ich mich nicht mehr um den guten Eindruck bemühe, passieren mir tatsächlich weniger Patzer und Peinlichkeiten. Ich habe mir Folgendes angewöhnt: Immer wenn ich mich dabei ertappe, dass ich mich anstrenge, um einen guten Eindruck zu machen, lasse ich bewusst los. Ich lasse die Anspannung mit einem tiefen Atemzug einfach gehen.

Okay, sage ich mir dann, was jetzt passiert, passiert einfach. Die Leute werden dich mögen oder auch nicht. Aber das überlasse ich den Leuten.

Durch diese Gedanken entspanne ich mich. Und in diesem leicht entspannten Zustand bin ich aufmerksamer, konzentrierter und weniger schusselig. Ich weiß nicht genau, wie ich bei anderen Leuten ankomme. Und meistens denke ich auch nicht darüber nach. Nach dem Feedback zu urteilen, das ich von meinen Mitmenschen bekomme, geht es so einigermaßen. Das reicht mir.

Diese Erleichterung und Entspannung, die mir sehr geholfen hat, möchte ich gern an Sie weitergeben. Deshalb habe ich die wichtigsten Tipps noch einmal zusammengefasst.

SO KÖNNEN SIE ENTSPANNTER AUF ANDERE MENSCHEN ZUGEHEN

✘ Ihre Stärke liegt in Ihrer unverwechselbaren Persönlichkeit. Um auf andere zuzugehen oder um vor anderen Leuten aufzutreten (Bewerbungsgespräch, Date, Vortrag halten etc.), brauchen Sie genau diese Persönlichkeit und nicht irgendeine aufgesetzte Ich-bin-toll-Fassade.

✘ Überprüfen Sie, woran Sie im Innersten glauben. Glauben Sie von sich selbst, dass Sie, so wie Sie sind, nicht genügen oder nicht ausreichen? Dass Sie in Ihrem Originalzustand nicht liebenswert oder respektabel sind? Diese Glaubenssätze sind die Ursache aller Anstrengungen, um bei anderen gut anzukommen.

✘ Solange Sie sich selbst gängeln und zensieren, können Sie nicht auf Ihr Gegenüber achten. Sie sind viel zu sehr mit sich selbst beschäftigt, um wirklich auf den anderen einzugehen. Deshalb kommen Sie bei Ihrem Gegenüber nicht an.

✘ Sie können innerhalb einer Sekunde die ganze Einen-guten-Eindruck-machen-Show aufgeben. Lassen Sie los. Atmen Sie aus und vertrauen Sie Ihrer Persönlichkeit. Vertrauen Sie darauf, dass Sie genügen und dass Sie respektabel sind. Nehmen Sie Ihr Gegenüber wahr. Sehen Sie hin, hören Sie zu und erleben Sie, wie Sie ganz von selbst auf den anderen reagieren.

✘ Ohne Anstrengung können Sie die Kommunikation mit anderen Menschen genießen. Und Sie selbst sind dann auch genießbar.

Echt sympathisch

Wenn es nicht der gute Eindruck ist, um den es geht, dann könnte es doch um Sympathie gehen. Was ist passiert, wenn wir sagen, das ist ein sympathischer Typ oder die Frau ist echt sympathisch?

Der Faktor Sympathie ist schwer erklärbar. Aber auffällig ist, dass wir die Leute schnell sympathisch finden, die uns ähnlich sind. Umgekehrt bleiben wir skeptisch bis ablehnend, wenn uns jemand gegenübertritt, der ganz anders ist als wir.

Lassen Sie mich das an einem Beispiel erklären.

Die Frau ist voll daneben

DA SITZT DIE GRUPPE VON FÜHRUNGSKRÄFTEN. Alle kommen aus dem technischen Bereich. Es sind Ingenieure, Mathematiker, Maschinenbauer. Allesamt Männer, die alle in einer Firma für Antriebstechnik arbeiten. Schauen Sie sich die Herren an. Nein, sie sind nicht besonders modisch gekleidet. Sie sitzen da in Jeans mit T-Shirt, in altmodischen Breitcordhosen, mit gestreiften Hemden und karierten Pullovern. Es sind eben durch und durch Techniker.

Die Gruppe hat sich für eine firmeninterne Fortbildung zum Thema »Wie bekomme ich meinen Stress in den Griff?« angemeldet. Es geht um Zeitmanagement und Work-Life-Balance. Also eher ein psychologisches Thema. Solche nicht-technischen Themen sind die Herren bisher nicht gewohnt.

Die Fortbildung leitet eine Frau. Nein, ich bin es nicht. Die Frau heißt Karin, ist Psychologin und eine ausgewiesene Expertin für Stressabbau. Aber diese Frau hat von Anfang an Probleme mit der Männergruppe. Schon nach einer Stunde ist klar, dass die Männer sie ablehnen. Was ist passiert?

Schauen wir uns Karin genauer an. Karin glaubt, dass Farben auf die Seele wirken. Deshalb trägt sie nie dunkle, gedeckte Farben. Nein, sie bevorzugt die Sonnen- und Feuerfarben, vorwiegend Gelb, Rot, Orange. Und so sah sie auch aus, als sie vor der Gruppe stand. Sie trägt eine lange Tunika mit einem Blumenmuster in Gelb und Rot. Dazu ein langer, dunkelroter Rock. An ihrem Hals hängt eine Kette mit einem großen Rosenquarz – genau in der Höhe ihres Herzchakras. Karin kennt sich aus mit den Chakren. Während sie sich der Gruppe vorstellt, hält sie in der linken Hand ihren Rosenquarz – um damit die Herzqualität zu verstärken.

Sie spricht mit einer sanften Stimme und erklärt der Gruppe, dass es hier weniger um das Reden gehen wird als vielmehr um das direkte Fühlen. Und sie erklärt, was es mit dem Rosenquarz auf sich hat. Die Männer sitzen mit verschränkten Armen weit zurückgelehnt auf ihren Stühlen und schweigen.

Jetzt schlägt sie den Herren vor, mit einer kurzen Atemmeditation zu beginnen. Anschließend gibt es noch eine kleine Körperübung, durch die jedes einzelne Chakra geöffnet werden sollte. Die Atemübung machen alle Teilnehmer brav mit. Das ist für die Herren kein Problem, denn atmen tut man ja sowieso. Aber die Chakras öffnen – nein, das wollen sie nicht. Einer meldet sich und fragt Karin, welche medizinischen Untersuchungen belegen würden, dass es so etwas wie ein Chakra überhaupt gibt. Und falls es so etwas wie ein Chakra gibt, weshalb muss man es dann aufmachen?

Karin kann diese Fragen nicht schlüssig beantworten. Sie spricht von einer uralten Tradition. »Das ist die Hexenverbrennung auch«, entgegnet einer der Männer. »Aber nur, weil es mal eine alte Tradition war, macht man das heute nicht mehr.«

Da ist Karin getroffen. Sie fühlt sich verletzt. Vor allem das mit der Hexenverbrennung hat sie völlig aus dem Konzept gebracht.

Die Männer waren bei diesem Stressabbau-Seminar von Anfang an skeptisch gewesen, doch nun kam es für sie noch schlimmer. Karin sprach von Energiearbeit und dem Ausgleich von Yin und Yang. Das klang für diese Herren komplett abstrus. Energie? Ja doch, das kannten diese Männer von ihrer Arbeit her. Für sie war das hauptsächlich Treibstoff, so etwas wie Kerosin, Benzin oder Ähnliches. Damit sollte hier gearbeitet werden?

Nein, Karin war diesen Herren nicht sympathisch. Sie fanden, dass ihre Seminarleiterin einen unwissenschaftlichen Hokuspokus verbreitete. Nein, von dieser Frau wollten sie nichts lernen.

Was zwischen Karin und der Gruppe fehlte, war schlicht – Ähnlichkeit. Karin und die Herren kamen offenbar aus ganz verschiedenen Galaxien. Hier die männliche, berechenbare, technisch-naturwissenschaftliche Galaxie. Und dort die weibliche, psychologische, spirituell angehauchte Galaxie. Und als die beiden aufeinanderprallten, gab es keine Gemeinsamkeit, sondern nur Gegensätze. Karin fand, dass diese Herren sehr unmotiviert waren und sich nicht auf das Thema einlassen wollten. Nein, sie mochte die Gruppe nicht.

Wer Gruppen leiten will, braucht dieses dritte Werkzeug, also die Fähigkeit, eine gemeinsame Wellenlänge mit den Leuten herzustellen. Das geht nur zusammen mit dem ersten Werkzeug, der Aufmerksamkeit. Wirklich wahrnehmen, wie die Leute in der Gruppe reden, denken, sich verhalten. Erst aufnehmen, was da ist, und sich dann darauf einstellen.

Ich mag dich nicht, weil du anders bist

Wir finden Leute sympathisch, die uns ähnlich sind, weil sie uns bestätigen. Menschen, die in unseren Augen ganz anders sind, gegensätzlich oder fremd, sind immer auch ein wenig bedrohlich. Wir packen sie gern in abwertende Schubladen und im Zweifelsfall brechen wir den Kontakt ab. Menschen, die anders denken und anders reden, bestätigen unsere Lebensweise nicht. Vor allem bestätigen sie nicht unsere lieb gewonnenen Überzeugungen.

Menschen, die ganz anders sind, mögen vielleicht interessant sein, wir schauen sie uns auch gern mal im Urlaub an, aber wenn es um das Lernen oder um die Zusammenarbeit geht, also darum, eine wirkliche Beziehung aufzubauen, dann suchen wir bei unserem Gegenüber nach Ähnlichkeiten. Mit Leuten, die uns ähnlich sind, läuft die Kommunikation reibungsloser. Man spricht – in jeder Hinsicht – die gleiche Sprache. Das ist die Basis für Sympathie.

Wenn Sie einen Moment an die Leute denken, mit denen Sie sich gut verstehen, dann fällt Ihnen auf, dass Sie mit diesen Menschen einiges gemeinsam haben. Es kann die gleiche Art zu reden oder der gleiche Humor sein. Eine ähnliche Moralvorstellung oder eine ähnliche Einstellung zum Leben – aus solchen Gemeinsamkeiten entsteht eine Wellenlänge.

Wir können absichtlich eine Wellenlänge mit anderen Menschen herstellen, indem wir uns innerlich auf die Kultur, auf den Habitus, auf die Lebensart des anderen einstellen. Dabei geht es nicht darum, dass wir uns total anpassen. Nein, wir müssen unser Gegenüber nicht kopieren oder imitieren. Es geht vielmehr um Resonanz. Darum, sich selbst im anderen wiederzuerkennen.

"ICH BIN DU!"

75

Lassen Sie mich das an dem Beispiel der Techniker-Gruppe erklären.

Was du bist, trage ich auch in mir

Ich bin mit diesen Herren in meinem Kommunikations-training besser zurechtgekommen als Karin. In dem Ge-mischtwarenladen meiner Persönlichkeit gibt es einen nüchternen, logischen Teil, der sich sehr gern mit wissen-schaftlichen Theorien und abstrakten Denkmodellen be-schäftigt. Da findet sich so etwas wie eine kleine Forscherin in meiner Seele, die eifrig studiert, nachdenkt, schreibt und auch gern in einem Elfenbeinturm leben würde.

Dieser nüchterne Forscher-Teil liegt in meinem inneren Gemischtwarenladen nicht unbedingt vorn im Schaufens-ter. Es wäre nicht das Erste, was Ihnen an mir auffällt, wenn wir uns irgendwo begegnen. Nein, dieser Teil liegt etwas weiter hinten im Regal. Aber immer, wenn ich eine Gruppe von Technikern, Ingenieuren und Physikern leite, hole ich diesen Teil nach vorn und packe ihn in mein Schaufenster. Dabei brauche ich mich nicht zu verstellen. Im Gegenteil: Ich freue mich über diese Gelegenheit, denn endlich darf der Teil meiner Persönlichkeit, der das abstrakte Denken liebt, herauskommen und sich unter Gleichgesinnten austoben. Wenn dieser Anteil meiner Persönlichkeit ans Licht kommt, rede ich automatisch mehr in einem wissen-schaftlichen Jargon. Ich erkläre die zwischenmenschliche Kommunikation anhand von Ablaufdiagrammen. Dazu präsentiere ich einfache Formeln, um die Dynamik in ei-nem Gespräch zu verdeutlichen. Das ist die Sprache, die diese technisch versierten Männer verstehen. Die Herren nicken anerkennend, weil ihnen bisher niemand so sachlich und vor allem logisch die Welt der zwischenmenschlichen Kommunikation erklärt hat. Zwischen uns entsteht eine gemeinsame Wellenlänge. Anders ausgedrückt: Ich schwinge auf ihrer Frequenz. Die Technik-Männer erkennen bei mir ihre Art zu denken wieder. Und jetzt, nachdem es eine gemeinsame Wellenlänge gibt, lassen sich die Herren auch auf konkrete Übungen ein. Und sie sind durchaus bereit, über Gefühle zu reden. Ihre Erfahrungen mit den Übungen werden anschließend in der Gruppe sachlich bewertet, Modelle werden ausdifferenziert, Hypothesen werden verifiziert oder falsifiziert.

Die gemeinsame Wellenlänge ist eine Art gegenseitiger Einlassung. Ich lasse mich auf das technische, strukturierte Denken und Reden der Gruppe ein und die Herren lassen sich im Gegenzug dafür auf die Psychologie und die Kommunikation ein.

So eine gemeinsame Wellenlänge sorgt viel stärker für eine tragfähige Beziehung, als ein guter Eindruck es je könnte.

Wie redest du eigentlich?

Die gemeinsame Wellenlänge wird in unserem Kulturkreis auch über die Sprache hergestellt. Damit meine ich nicht die Landessprache, sondern die Insidersprache. Die Ausdrucksweise, die in bestimmten Kreisen benutzt wird.

Wie sieht derzeit die Performance Ihrer Firma aus? Ist dort gerade *Fench the Bench* am Laufen? Wenn ja, haben Sie es auch mit einem kräftigen *Downsizen* zu tun. Am Ende ist es wichtig, dass das *EBIT* stimmt. Und wie immer hängt alles am *Point of Sale*.

Wir verstehen uns, oder? Oder auch nicht. Denn das war jetzt Wirtschaftssprache, durchsetzt mit Anglizismen.

Ich will Sie nicht dissen, aber Sie könnten Ihre Ausdrucksweise auch ein wenig aufpimpen, damit Sie stylischer klingen. Aber wenn Sie das tun, dann bitte nicht zu krass. Sonst stehen Sie am Ende wie ein Vollpfosten da.

Ja, unsere Ausdrucksweise hat etwas mit unserem Job, dem Alter und der sozialen Schicht zu tun. Und sicherlich auch etwas mit der Tatsache, ob wir ein Mann oder eine Frau sind.

Zu den klassischen Missverständnissen (keine Wellenlänge) zwischen Männern und Frauen gehört das Reden über Gefühle. Beispielsweise finden es die meisten Frauen nicht weiter problematisch, über ein Gefühl der Schwäche zu reden. Sie können ohne Schwierigkeiten zugeben: »Davor habe ich Angst.«

Den gleichen Satz hören wir sehr viel seltener von einem Mann. Haben Männer weniger Ängste? Wahrscheinlich nicht, aber sie fassen dieses Gefühl nicht so gern in Worte. (Ausnahmen finden Sie vorwiegend bei Männern in den sozialen Berufen.)

Viele Männer reden nicht von ihrer Angst, aber sie erzählen von ihrer Kreislaufschwäche, verbunden mit Herzrasen und seltsamen Schweißausbrüchen. Nein, er hat keine Angst, nur weiche Knie. Damit müsste man mal zum Arzt gehen. Selbstverständlich hat der Mann auch vor dem Arztbesuch keine Angst. Nein, man hat nur keine Zeit, einen vollen Terminkalender und außerdem hat man was Besseres zu tun, als stundenlang im Wartezimmer zu sitzen. Übrigens: Für manche Männer ist auch Liebe ein Gefühl der Schwäche, das sie nicht so gern zugeben wollen.

Um eine gemeinsame Wellenlänge herzustellen, ist die Ausdrucksweise Ihres Gegenübers durchaus wichtig. Aber auch hier gilt: Sie müssen keine hundertprozentige Kopie herstellen. Es reicht, wenn Sie sich auf den jeweiligen Sprachmodus einschwingen und die häufigsten Begriffe verstehen. Und bei vielen Gruppen, mit denen ich gearbeitet habe, hieß das für mich am Anfang so lange nachzufragen, bis ich die Insidersprache verstehen konnte.

Verstehst du mich oder nicht?

Eine gemeinsame Wellenlänge entsteht durch Ähnlichkeit. Um diese Ähnlichkeit absichtlich und bewusst herzustellen, gehen Sie innerlich in Resonanz zu dem, was Sie bei Ihrem Gegenüber wahrnehmen. Etwas bildhafter ausgedrückt: Sie suchen im Gemischtwarenladen Ihrer Persönlichkeit nach dem Teil, das so ähnlich ist wie das, was der andere Ihnen gerade zeigt.

Nehmen wir an, Sie und ich, wir würden uns treffen und Sie wären ein wenig deprimiert. Sie sitzen zusammengesunken vor mir, irgendetwas macht Sie traurig oder mutlos. Um mit Ihnen besser ins Gespräch zu kommen, stelle ich eine gemeinsame Wellenlänge mit Ihnen her. Ich schenke Ihnen Aufmerksamkeit (erstes Werkzeug) und bin im Kontakt mit Ihnen sehr präsent (zweites Werkzeug).

Die gemeinsame Wellenlänge entsteht, indem ich mich auf Ihren Zustand einschwinge. Ich finde in mir den Teil

[handschriftliche Randnotiz: SEI EIN SPIEGEL]

[handschriftliche Notiz unten: ...oder erlaube mir in RESONANZ zu gehen. ...auf den anderen einstellen.]

meiner Seele, der auch hin und wieder deprimiert ist. Und dieser Teil darf jetzt nach vorn kommen.

Ich rede mit Ihnen in einem ruhigen Tonfall, mit einem ernsten Ausdruck im Gesicht. Ich muss nicht so tun, als wäre ich auch deprimiert. Nein, es wäre nicht hilfreich, wenn ich Sie imitieren würde. Bei der gleichen Wellenlänge geht es darum, dass ich mich in Ihre Befindlichkeit einfühle und mitschwinge. Wenn mir das gelingt, verbessert sich unser Kontakt.

Das Gegenteil einer gemeinsamen Wellenlänge würde ungefähr so aussehen: Sie sind ein wenig deprimiert und ich versuche, Sie aus der Stimmung rauszuholen, indem ich Ihnen eine extradicke Portion Frohsinn auftische. Vielleicht sage ich in einem fidelen Tonfall zu Ihnen: »Hey, was gucken Sie so traurig? Das Leben ist schön. Die Sonne scheint. Uns geht's doch gut. Nun lassen Sie sich doch nicht so hängen. Lachen Sie mal – dann geht es Ihnen gleich besser.«

Diese Happy-Wellenlänge ist nicht verkehrt – sie passt bloß nicht zu Ihrer Depri-Wellenlänge. Daraus wird keine gemeinsame Wellenlänge. Während ich Sie mit meiner Fröhlichkeit überschütte, hoffe ich natürlich, dass Sie sich davon anstecken lassen und auch ein wenig fröhlicher werden. Ich will Sie auf meine Wellenlänge hochziehen. (Falls Sie ein netter Mensch sind, bewegen Sie Ihre Mundwinkel ein wenig nach oben und tun so, als ob ich mit meiner Heiterkeit bei Ihnen Erfolg hätte.) Was aber tatsächlich passiert, ist, dass Sie sich unverstanden fühlen. Vielleicht bin ich Ihnen sogar unsympathisch.

Ich mag die Leute, die mir ähnlich sind

Um besser erklären zu können, was eine gemeinsame Wellenlänge ist, benutze ich gern das Bild mit dem Seil. Stellen Sie sich vor, Sie hielten in Ihrer Hand das eine Ende eines Seils. Der Rest liegt auf dem Fußboden. Jetzt komme ich und will mit Ihnen reden. Zuerst schenke ich Ihnen Aufmerksamkeit, dann trete ich mit Ihnen in Kontakt, indem ich das andere Ende des Seils vom Fußboden aufnehme. Jetzt geht es los. Ich rede mit Ihnen. Ich bewege das Seil so, dass es eine Wellenbewegung gibt. Und Sie antworten, während Sie von Ihrer Seite aus das andere Ende des Seils bewegen. Das geht so hin und her und mit der Zeit finden wir einen Rhythmus. Unsere Wellen gleichen sich einander an. Wir haben unsere gemeinsame Wellenlänge gefunden. Und damit entsteht das Gefühl, dass wir uns verstehen.

Lassen Sie uns jetzt noch praktischer werden.

Denken Sie an die Leute, mit denen Sie sich gut verstehen, mit denen Sie gern zusammenarbeiten, mit denen Sie befreundet sind. Da gibt es eine gemeinsame Wellenlänge, eine gewisse Ähnlichkeit, wenn auch vielleicht nur in einem einzigen Punkt. Vielleicht haben Sie nur den gleichen Humor oder die gleichen Ansichten über den Sinn des Lebens. Vielleicht haben Sie ähnliche Manieren oder ein ähnliches Taktgefühl wie die andere Person. Oder Sie sprechen auf eine ähnliche Art und Weise. Wir brauchen für eine gemeinsame Wellenlänge keine hundertprozentige Übereinstimmung. Es reichen wenige Annäherungen, um sich mit jemandem gut zu verstehen.

SO STELLEN SIE EINE GEMEINSAME WELLENLÄNGE HER

✗ Richten Sie Ihre Aufmerksamkeit ganz und gar auf die andere Person. Lassen Sie sich nicht ablenken. Seien Sie offen für das, was Sie bei Ihrem Gegenüber wahrnehmen. *Offen sein.*

✗ Achten Sie auf alles, was die andere Person Ihnen zeigt. Besonders wichtig ist, wie Ihr Gegenüber redet, die Wortwahl (einfache oder komplizierte Worte), das Sprechtempo (schnelles Rattern oder viele Pausen) und die Körpersprache. Achten Sie auf die Bewegungen.

✗ Sie können auch spüren, welche Stimmung oder Laune Ihr Gegenüber ausstrahlt. Kommt der Betreffende aktiv auf Sie zu? Oder ist die Person zögerlich, leicht in sich gekehrt? Für die gemeinsame Wellenlänge ist es wichtig, dass Sie sich dieser Art angleichen und sich nicht total gegensätzlich verhalten.

✗ Alles, was Sie vom anderen merken, ist eine Schwingungswelle, die von dieser Person ausgeht. Lassen Sie innerlich zu, dass in Ihnen etwas Vergleichbares aufsteigt, wie beispielsweise eine ähnliche Stimmung oder eine ähnliche Art zu sprechen. *DIAL*

✗ Suchen Sie in Ihrer Persönlichkeit nach einem Teil, der dem entspricht, was Ihr Gegenüber ausstrahlt. Bringen Sie diese Seite Ihrer Persönlichkeit nach vorn, in den Kontakt.

An dieser Stelle möchte ich Sie auf Ihre grundlegende Freiheit hinweisen. Jedes Kommunikationswerkzeug, das Sie beherrschen, dürfen Sie selbstverständlich auch nicht anwenden. Das gilt auch für die gemeinsame Wellenlänge. Es gibt Situationen, da wäre eine gemeinsame Wellenlänge mehr schädlich als nützlich. Hier eine kurze, unvollständige Liste.

GEMEINSAME WELLENLÄNGE? NEIN DANKE!

✗ Vermeiden Sie eine gemeinsame Wellenlänge mit der Person, die Ihnen gerade eine geballte Faust unter die Nase hält und droht, Sie zu Brei zu schlagen.

✗ Schluss mit Wellenlänge, wenn Ihr Gegenüber betrunken ist und Ihnen anbietet, Sie im Auto nach Hause zu fahren.

✗ Keine gemeinsame Wellenlänge mit dem Typen, der Sie im heiteren Tonfall runtermacht, verleumdet oder beleidigt.

✗ Auch keine gemeinsame Wellenlänge mit dem Menschen, der Sie zu einem Bankraub überreden will.

✗ Und ebenfalls keine gemeinsame Wellenlänge mit dem Typen, der gerade dabei ist, durchzudrehen.

Immer wenn sich Ihr Gegenüber grausam, feindlich oder sehr seltsam verhält, ist es zuerst wichtig, dass Sie sich schützen. Die gemeinsame Wellenlänge gehört dorthin, wo Sie kooperieren, flirten, feiern, tanzen, zusammenarbeiten, beraten oder unterrichten wollen. Mit dem Destruktiven müssen Sie nicht in Resonanz gehen.

Totenköpfe im Kinderzimmer

Ich habe Ihren Vortrag mit Interesse gehört und möchte Ihnen dazu noch eine persönliche Frage stellen. Sie sprachen über die Wichtigkeit einer guten Wellenlänge zum anderen. Im Moment gibt es bei uns familiäre Spannungen, vor allem mit meinem Sohn. Mein Sohn ist fünfzehn Jahre alt und er war bisher ein sehr guter Schüler. Er hat sich in den letzten Monaten von uns, meiner Frau und mir, weit entfernt. Mein Sohn hört sehr aggressive Musik, er trägt vorwiegend schwarze Kleidung und er hat sein Zimmer umgestaltet. Eine Wand hat er schwarz gestrichen, an den übrigen Wänden hängen Poster mit Totenköpfen, Grabsteinen, Skeletten und Ähnlichem. Beunruhigend ist auch, dass er sich mit seinen Freunden neuerdings spät am Abend auf dem Friedhof trifft. Auf Nachfragen hat mein Sohn mir erklärt, das wäre Gothic. Das ist offenbar ein morbider Totenkult.
Meine Frau und ich haben im Moment keine gemeinsame Wellenlänge zu unserem Sohn. Wir sind angesehene Mitglieder unserer Kirchengemeinde und das Verhalten unseres Sohnes ist dort bereits aufgefallen.

ICH KANN IHRE BESORGNIS VERSTEHEN. Ihr Sohn ist offenbar dabei, sich von seinen Eltern abzulösen. Manche Kinder und Jugendliche schaffen diesen Ablösungsprozess nur, indem sie sich radikal anders benehmen als ihre Eltern. Sie wählen gegenteilige Überzeugungen und oft auch ein gegensätzliches Verhalten. Dadurch entstehen in der Familie zwangsläufig Reibereien. Ich habe oft den Eindruck, dass genau das auch notwendig ist. Es ist, als würde das Kind bzw. der Jugendliche seinen Eltern zurufen: Ich will meinen eigenen Platz. Setzt euch mit mir auseinander!

Eine gemeinsame Wellenlänge zu haben heißt auch, miteinander zu diskutieren, miteinander zu streiten und hart zu verhandeln.

Ich muss zugeben, dass ich mich mit Gothic nicht auskenne. Aber für Sie wäre das ein Anfang, um mit Ihrem Sohn in einen Dialog zu treten. Lernen Sie von ihm alles über diesen Totenkult. Tun Sie das, indem Sie Ihren Sohn dazu befragen und ihm aufmerksam zuhören. Dabei ist eines wichtig: Fragen Sie ihn, um zu verstehen – nicht, um ihn zu verhören oder um ihm zu beweisen, dass das alles Unsinn ist, was er da treibt. Hören Sie ihm mit wohlwollender Aufmerksamkeit zu. Das heißt nicht, dass Sie Ihre Ansichten und Überzeugungen verleugnen müssen. Sie sehen die Dinge anders als Ihr Sohn und dazu stehen Sie auch – aber erst, nachdem Sie verstanden haben, was an dieser Gothic-Sache für Ihren Sohn so faszinierend ist. Worum geht es da? Was möchte Ihr Sohn damit ausdrücken? Was denkt er über den Tod? Was ist ihm jetzt wichtig?

Lassen Sie zu, dass Ihr Sohn etwas ganz anderes ausprobiert, als er in seiner Familie bisher kennengelernt hat. Lassen Sie das Fremde zu.

Bei allem Zuhören und Verstehen kann es auch notwendig sein, dass Sie Grenzen setzen, beispielsweise für den Umgang mit Friedhöfen oder bei der Frage, wie viele Totenköpfe Ihr Haushalt verträgt.

Ein letzter Tipp: Machen Sie Ihren Sohn nicht zum Problemfall. Richten Sie Ihre Aufmerksamkeit nicht nur auf das, was Sie stört, sondern auch auf das, was Sie an ihm mögen. Ich wette, Ihr Sohn hat viele Eigenschaften, die für Sie vollkommen in Ordnung sind. Zeigen Sie ihm ganz deutlich, dass Sie diese Seiten an ihm auch sehen und wertschätzen.

Ich will mich auch mit dir streiten können

Spätestens jetzt ist es Zeit, um mit einem möglichen Irrtum aufzuräumen. Eine gemeinsame Wellenlänge hat nicht unbedingt etwas mit Harmonie zu tun. Wir können auch einen Gleichklang mit anderen Menschen haben, wenn wir uns streiten. Ich denke da an Teenager, die eine Zeit lang nur in Form heftiger Auseinandersetzungen mit ihren Eltern kommunizieren. Das aufgeregte Geschrei und das Türenknallen ist auch eine gemeinsame Wellenlänge, wenn beide Seiten mitmachen. Ich persönlich bevorzuge das ruhige Fahrwasser in der Kommunikation, aber ich weiß, dass viele Menschen einen guten Streit zu schätzen wissen.

Mir sagte einmal der Chef einer Werbeagentur, dass er gern Menschen einstellt, die Widerworte geben. »Die Leute, die im Bewerbungsgespräch alle Kampagnen unserer Agentur nur toll finden, sind für mich uninteressant. Ich will keine Speichellecker um mich haben. Ich suche Leute, die auch Kontra geben können, denn zur Kreativität gehört auch ein gewisser Kampfgeist. Ich will mich mit meinen Mitarbeitern streiten können. Friede, Freude, Eierkuchen – das ist was fürs Seniorenheim, aber nicht für eine kreative Agentur.«

Eine gemeinsame Wellenlänge kann auch heißen: Wir sind uns einig darüber, dass wir uns nicht einig sind. Wir haben einen wunderbaren Gleichklang beim Zanken und Streiten.

Was von außen wie eine Trennung aussieht, kann intern eine besondere Art der Verbindung sein. Manche Partnerschaften funktionieren auf dieser Streit-Wellenlänge. In Friedenszeiten kommunizieren beide Partner wenig miteinander. Die Verbindung zwischen beiden ist schwach. Und dann kommt es zu einer – eher unbewussten – Stärkung der Partnerschaft. Einer der beiden macht irgendetwas, das den anderen ärgert oder aufregt. Daraus entsteht ein heftiger Streit, bei dem sehr viel kommuniziert wird, wenn auch lautstark und mit vielen Beschimpfungen. So seltsam es sich anhört, aber der Streit verbindet das Paar. Das ist die gemeinsame Wellenlänge. Daraus folgt: Gemeinsame Wellenlängen gibt es auf allen möglichen Frequenzen.

Wie redet man mit reichen Leuten?

Ich bin seit zehn Jahren Innenarchitektin und arbeite selbstständig. Mittlerweile gehören einige wohlhabende Ehepaare zu meinen Kunden. Ich fühle mich diesen Kunden gegenüber oft sehr unsicher. Die Leute sind reich, manchmal auch sehr gebildet, mit Doktortitel und so weiter. In ihrer Freizeit spielen sie meistens Golf oder Tennis, sie reiten oder fahren mit ihrer Luxusjacht im Mittelmeer herum. Ich kann dabei nicht mitreden, weil ich all das nicht kenne. Ich komme aus einfachen Verhältnissen. Wie schaffe ich es, einen guten Eindruck bei diesen reichen Kunden zu machen?

ES GEHT NICHT UM DEN GUTEN EINDRUCK. Es geht darum, dass Sie zu Ihren Kunden einen guten Kontakt aufbauen und eine gemeinsame Wellenlänge mit ihnen finden. Obwohl Sie einen anderen sozialen Hintergrund als Ihre Kunden haben, müssen Sie sich nicht unterlegen fühlen. Und Sie müssen auch nicht statusmäßig auftrumpfen. Ihre Sachkompetenz ist Ihre Basis.

Reden Sie mit Ihren Kunden über das Thema, bei dem Sie sich auskennen: Innenarchitektur – und zwar speziell die Art

von Innenarchitektur, die Sie anbieten. Und wenn Ihre Kunden über das Golfen, Reiten und Ähnliches reden, hören Sie zu. Sie schenken diesen Menschen etwas sehr Wertvolles: Aufmerksamkeit. Jeder hat es gern, wenn er für seine Errungenschaften eine wohlwollende Aufmerksamkeit bekommt.

Um eine gemeinsame Wellenlänge aufzubauen, müssen Sie sich in dem jeweiligen Smalltalkthema nicht auskennen. Es reicht, dass Sie da sind und ein Ja dazu signalisieren. Unter uns gesagt, auch reiche Menschen kennen sich nicht immer mit dem aus, was andere reiche Menschen so treiben. Wer Golf spielt, weiß nicht automatisch alles über das Tauchen vor den Seychellen oder über die Renovierung alter Schlösser und Burgen. Auch die Reichen untereinander können da nur zuhören und Fragen stellen. Während der Gespräche bleiben Sie bei Ihrem Fachgebiet, und auf die Smalltalkthemen Ihrer Kunden gehen Sie als interessierte Zuhörerin ein. Das wird Ihnen auch einen wirtschaftlichen Vorteil einbringen. Durch Ihr aufmerksames Zuhören sammeln Sie nützliche Informationen über die Bedürfnisse und den Geschmack dieser wohlhabenden Kunden. Mit diesen Informationen können Sie Ihre Angebote noch passgenauer auf das zuschneiden, was sich diese Leute wünschen. Das ist Ihre eigene Marktforschung und die könnte auch dazu führen, dass Sie Ihr Geschäft irgendwann ausweiten. Zum Beispiel: Brauchen Jachten und Reitställe nicht auch die kompetente Hand einer kreativen Innenarchitektin?

Was du bei anderen siehst, bist du selbst

Warum klappt das mit der gemeinsamen Wellenlänge im Alltag manchmal nicht?

Es gibt einen ganz simplen Grund, weshalb es uns manchmal schwerfällt, eine gemeinsame Wellenlänge mit unserem Gegenüber herzustellen: Wir lehnen den Betreffenden ab. Nur wenn wir die Art unseres Gesprächspartners akzeptieren, können wir auch eine gemeinsame Wellenlänge zu ihm aufbauen.

Erinnern Sie sich noch an die Technik-Männer? Wenn Sie beispielsweise die Art und Weise, wie diese Männer denken, reden und auftreten, nicht mögen, finden Sie keinen Draht zu ihnen. Und Sie können die Art Ihres Gegenübers nur akzeptieren, wenn Sie den Teil Ihrer Seele, der so ähnlich ist, ebenfalls akzeptieren.

Nehmen wir einmal an, Sie möchten mit einem schüchternen Menschen eine gemeinsame Wellenlänge aufbauen. Das Ganze beginnt damit, dass Sie Ihre eigene schüchterne Seite nicht ablehnen. Auch wenn Sie selbst glauben, Sie wären kein schüchterner Typ, irgendwo im Gemischtwarenladen Ihrer Persönlichkeit lagert auch etwas Scheues und Befangenes. Möglicherweise haben Sie Ihre Schüchternheit zuletzt gespürt, als Sie fünf Jahre alt waren und im Kaufhaus vor dem Weihnachtsmann standen. Aber das reicht, um zu wissen, wie sich Schüchternheit anfühlt.

Wenn Schüchternheit für Sie absolut inakzeptabel ist, haben Sie ein interessantes Problem. Sie werden diesen Teil Ihrer Seele wahrscheinlich tief in den Keller gesperrt haben und froh sein, dass Sie ihn nicht mehr erleben müssen. Allerdings fällt es Ihnen dann auch schwer, mit einem schüchternen Menschen in Kontakt zu kommen. Die Wahrscheinlichkeit ist groß, dass Sie irgendwie keinen Draht zu dieser Person finden.

Akzeptanz ist der Schlüssel, um solche eingesperrten Seelenteile wieder ans Licht zu bringen.

Akzeptieren Sie den schüchternen Teil Ihrer Seele und holen Sie ihn nach vorn, wenn Sie mit einem scheuen, introvertierten Menschen eine gemeinsame Wellenlänge aufbauen wollen.

Während Sie selbst Kontakt zu Ihrer eigenen schüchternen Seite aufnehmen, ändert sich Ihr Verhalten. Sie werden Ihren schüchternen Gesprächspartner nicht an die Wand reden, ihn nicht mit Forderungen und Vorschlägen überschütten. Nein, sie werden zart, vorsichtig, vielleicht auch etwas zögerlich reden. Mit vielen Pausen, ohne Druck. Dadurch entsteht die gemeinsame Wellenlänge.

Ihr schüchterner Gesprächspartner wird sich allmählich mit Ihnen wohlfühlen, weil Sie auf seiner Wellenlänge kommunizieren. Er findet Sie sympathisch, weil er mit Ihnen zurechtkommt. Und nun kann er aus seinem schüchternen Schneckenhaus ein wenig herauskommen.

Die innere Vielfalt akzeptieren

Falls Sie häufiger mit sehr unterschiedlichen Menschen reden und kooperieren wollen, weil Sie beispielsweise im Verkauf arbeiten oder wie ich Leute unterrichten und beraten, dann empfehle ich Ihnen Folgendes: Kultivieren Sie die Vielfalt in Ihrem inneren Gemischtwarenladen. Verurteilen Sie keinen Teil Ihrer Persönlichkeit. Denn alles, was Sie bei sich selbst ablehnen, werden Sie auch bei anderen Menschen nicht akzeptieren können. Und wo die Akzeptanz fehlt, gibt es auch keine gemeinsame Wellenlänge. Dabei geht es nicht darum, sich ständig nur positiv zu beurteilen. Nein, Akzeptanz hat nichts mit urteilen zu tun. Sich selbst akzeptieren heißt, dass Sie ohne Widerstand einfach das da sein lassen, was sich in Ihrer Seele tummelt. Dazu gehören Ihre Gefühle in ihrer ganzen Brandbreite, Ihre Offenheit und auch die Verschlossenheit, Ihre aktiven und auch passiven Seiten, Ihr ganzes Können und Ihr Nicht-Können – alles darf da sein, ohne dass Sie darüber urteilen. Sie müssen Ihre innere Vielfalt nicht toll finden, sondern nur zulassen. Das ist Akzeptanz. Und das ist keineswegs eine Kleinigkeit. Die meisten von uns brauchen Jahre, um das zu schaffen. Aber es lohnt sich auf jeden Fall. Das Verständnis für andere Menschen beginnt da, wo jede Kommunikation anfängt – bei uns selbst.

Was immer Sie bereits in Ihrem Leben hinter sich gebracht haben, was immer Sie in sich tragen – das alles ist ein wertvoller Teil Ihrer Innenausstattung. Geben Sie also allen Ihren Eigenschaften und Fähigkeiten einen Platz in Ihrer Seele. Nichts ist überflüssig, nichts falsch. Je mehr Sie sich selbst mit allen Ihren Facetten akzeptieren, desto leichter fällt es Ihnen, mit unterschiedlichen Leuten eine Wellenlänge zu finden.

Anders gesagt: Ihre innere Vielfalt ermöglicht es Ihnen, mit den verschiedensten Menschen gut auszukommen. Denn was Ihnen da draußen begegnet, ist ein Teil Ihres Selbst. Das tragen Sie auch in sich. In gewisser Weise kommunizieren wir immer nur mit uns selbst.

✗ Wir können den Eindruck, den wir auf andere Leute machen, nicht kontrollieren.

✗ Unsere Beziehung zu anderen Menschen verbessert sich, wenn wir eine gemeinsame Wellenlänge mit ihnen aufbauen.

 ✗ Sympathie entsteht, wenn es zwischen Menschen eine ähnliche Schwingung oder ein Gefühl der Resonanz gibt.

✗ Wir können bewusst eine gemeinsame Wellenlänge zu unserem Gegenüber herstellen, indem wir einen Teil unserer Persönlichkeit, der dem anderen ähnlich ist, in den Kontakt einbringen.

✗ Je mehr wir unsere Persönlichkeit in all ihrer Vielfalt akzeptieren, desto leichter fällt es uns, mit unterschiedlichen Menschen eine gemeinsame Wellenlänge aufzubauen.

DAS VIERTE WERKZEUG:

Die Bestätigung

Das vierte Werkzeug, die Bestätigung, macht unsere Beziehungen einfacher, klarer – oft sogar schöner. Zugleich ist es sehr machtvoll. Machtvoll deshalb, weil wir nach Bestätigung suchen. Wir sind bereit, eine Menge auf uns zu nehmen, nur damit andere Leute uns bestätigen und anerkennen. Die meisten von uns haben das Gefühl, sie würden zu wenig Bestätigung bekommen.

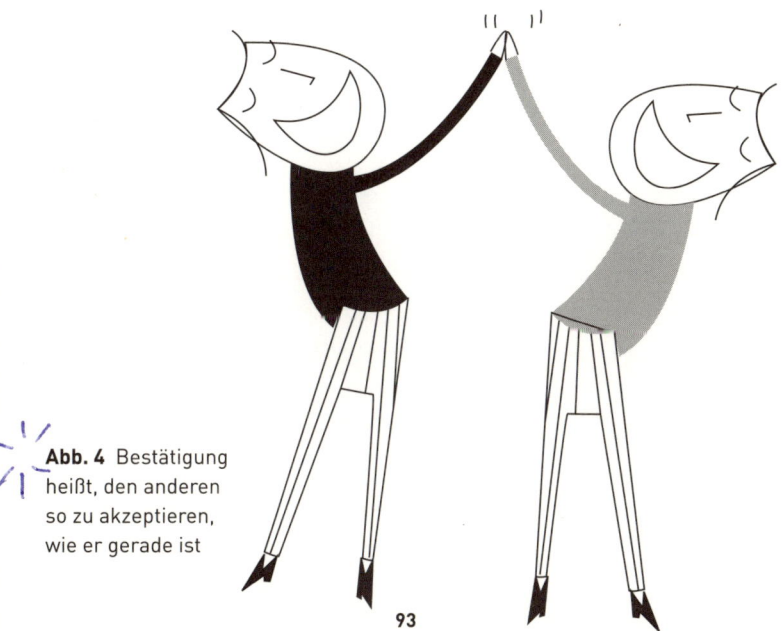

Abb. 4 Bestätigung heißt, den anderen so zu akzeptieren, wie er gerade ist

Um nicht ständig das Wort Bestätigung zu wiederholen, nenne ich dieses vierte Werkzeug auch Anerkennung, Akzeptieren oder Geltenlassen. Den anderen so zu nehmen, wie er ist, ihn so gelten zu lassen, wie er sich momentan präsentiert, und ihm das auch zu signalisieren (mit Worten oder nonverbal), das ist das vierte Werkzeug, die Bestätigung.

Manchmal bin ich so verdammt unsicher

ICH HABE MICH ZU DIESEM TAI-CHI-WOCHENENDE ANGEMELDET. Jetzt stehe ich da und bin offenbar die Neue. Alle anderen scheinen sich schon zu kennen und sie wirken auch noch sehr professionell. Die meisten tragen diese asiatisch anmutenden Anzüge, die aus einer langen Jacke mit Stehkragen und einer weiten Hose bestehen. Ich falle etwas aus dem Rahmen in meiner weit geschnittenen Jogginghose und dem großzügigen T-Shirt. Meine Jogginghose war ursprünglich mal dunkelblau, aber jetzt, nach hundertmal in der Waschmaschine, sieht sie nach Altkleidersammlung aus. Wieso hab ich das olle Ding bloß angezogen?

Seit Jahren praktiziere ich Yoga und da kommt es nicht darauf an, wie man aussieht oder was für Klamotten man trägt. Jeder ist ganz bei sich und macht auf der Matte seine Übungen. Hier ist man viel sichtbarer. Unter diesen Tai-Chi-Profis gibt es offensichtlich eine Kleiderordnung. Das hat mir vorher niemand gesagt. Ich komme mir ziemlich abgewetzt und armselig vor.

Den Tai-Chi-Lehrer erkenne ich sofort. Er ist der Typ mit dem Klemmbrett. Er trägt auch so einen Asia-Anzug. Und er hat seine langen Haare zu einem Pferdeschwanz zusammengebunden. Ist das etwa so ein Guru-Typ, der hier seine treue Anhängerschaft um sich sammelt? Das kann ja heiter werden!

Während er mit den Leuten plaudert, hakt er die Namen auf einer Liste ab und kassiert hin und wieder Geld. Jetzt redet er gerade mit einer blonden Frau, die einen seidigen, weißen Asia-Anzug trägt. Sie sieht darin wunderschön aus, wie ein Tai-Chi-Engel.

Warum hab ich bloß diese blöde Jogginghose angezogen?

Minderwertigkeitsgefühle durchfluten mich und ein Teil meiner Aufmerksamkeit registriert erstaunt, dass sich ein dezentes Schubladen-Denken in meinem Kopf breitgemacht hat. Sich armselig vorkommen und Leute in Schubladen einsortieren – das gehört irgendwie zusammen.

Ich versuche mich daran zu erinnern, was ich in meinen Trainings und meinen Büchern immer predige: das eigene Selbstwertgefühl nicht am Aussehen festmachen. Eine präsente, aufrechte Körperhaltung einnehmen, sodass man theoretisch auch im Schlafanzug überall souverän auftreten könnte. Dabei fällt mir ein, dass ich tatsächlich einen Schlafanzug habe, der tausendmal besser aussieht als das, was ich jetzt trage. Wäre ich in diesem Schlafanzug gekommen, würde ich gut dastehen.

Ich versuche, in eine selbstsichere Körperhaltung zu gehen. Rücken gerade, Kopf hoch, Schultern runter. Der Tai-Chi-Guru hat mich gesehen und kommt näher. Er lächelt mich an und ich muss zugeben, das macht er richtig gut. Charmantes Lächeln – ein Pluspunkt für ihn. »Ich glaube, wir kennen uns noch nicht«, sagt er zu mir.

Ich bin unsicher. Wie ist das eigentlich in Tai-Chi-Kreisen, redet man sich dort mit Vornamen an? Duzt man sich gleich oder doch erst das gepflegte Sie? Die Anrede umschiffe ich erstmal.

»Äh, nein wir kennen uns noch nicht«, antworte ich. Etwas zu schnell sprudelt es aus mir heraus: »Ich heiße Barbara Berckhan, ich bin zum ersten Mal hier und ich habe schon bezahlt, per Überweisung, schon im letzten Monat.«

»Okay«, sagt der Tai-Chi-Meister, während er mich immer noch ganz ruhig anlächelt. »Dann herzlich willkommen, Barbara. Ich heiße Rainer.«

Die Begrüßung war vollkommen okay. Noch ein Pluspunkt. Offenbar werden hier die Vornamen bevorzugt. Rainer schaut auf seine Liste und sagt: »Ah! Hier steht dein Name. Barbara. Alles prima.«

Ich entspanne mich. Obwohl er auch im Asia-Stil gekleidet ist und einen Pferdeschwanz am Hinterkopf hat, ist der Typ möglicherweise doch ganz in Ordnung. Ich konnte bis jetzt keine Guru-Attitüden an ihm entdecken. Sein mildes Lächeln lasse ich ihm durchgehen.

Ohne lange zu überlegen, sage ich plötzlich zu ihm: »Ich weiß nicht, ob ich richtig angezogen bin.« Ich schaue an mir runter und ich ziehe die Hosenbeine meiner Jogginghose ein wenig in die Breite. Tai-Chi-Rainer mustert mein Outfit mit einem freundlichen Gesichtsausdruck. »Das ist perfekt«, meint er. »Wichtig ist, dass du bequeme Sachen anhast, in denen du dich wohlfühlst.« Und dann zwinkert er mit einem Auge. »Hier muss man sich nicht verkleiden.« Das waren die richtigen Worte. Ich atme tief aus. Doch alles nicht so schlimm, wie ich dachte.

Später lerne ich die anderen Teilnehmer kennen. Die blonde Frau, die wie ein Tai-Chi-Engel aussieht, erweist sich als äußerst bodenständig. Mit ihr kann man prima lachen. In der Pause macht sie sich gern über die Tierfiguren lustig, die wir beim Tai-Chi üben. Und unser Lehrer lacht mit. Ja, ich fühle mich in der Gruppe ganz wohl.

Akzeptiere mich so, wie ich bin

Wenn Sie sich das Verhalten des Tai-Chi-Lehrers noch mal durchlesen, werden Sie feststellen, dass der Typ gar nichts Großartiges veranstaltet hat. Sein Kontaktverhalten war normal, wirkte weder aufgesetzt noch aufwendig. Er hat keinen Wind gemacht. Hätte er mehr Aufwand betrieben, wäre er von mir wahrscheinlich noch tiefer in die Guru-Schublade gesteckt worden. Er hat die drei ersten Werkzeuge, die Aufmerksamkeit, den Kontakt und die gleiche Wellenlänge in nur drei Minuten zum Einsatz gebracht. Mit seiner ganzen Art drückte er aus: Du bist hier willkommen und es spielt keine Rolle, was du für Klamotten trägst. Das ließ meinen Argwohn schmelzen. Ich konnte mich auf die Gruppe und die Tai-Chi-Übungen einlassen.

An dieser Stelle möchte ich genauer auflisten, worum es bei diesem vierten Werkzeug genau geht und worum es nicht geht.

WAS BESTÄTIGUNG WIRKLICH IST UND WAS BESTÄTIGUNG *NICHT* IST

✘ Durch Anerkennung und Bestätigung sagen Sie Ja zu Ihrem Gegenüber, so wie der Betreffende jetzt gerade ist.

✘ Sie lassen die Meinung und die Gefühle Ihres Gegenübers gelten.

✘ Sie bleiben bei sich und lassen sich selbst so, wie Sie gerade sind. Sie geben sich selbst Bestätigung für Ihr eigenes Sosein, während Sie den anderen bestätigen.

- ✗ Durch Bestätigung und Anerkennung fällen Sie kein Werturteil über das, was ein anderer Mensch denkt, fühlt oder tut.
- ✗ Sie verwickeln sich nicht in die Meinung, die Gefühle oder die Taten eines anderen Menschen.
- ✗ Indem Sie Ihr Gegenüber bestätigen, versuchen Sie nicht, den Betreffenden zu verbessern oder umzukrempeln.
- ✗ Sie bestätigen Ihren Gesprächspartner nicht, um sich bei ihm einzuschmeicheln.
- ✗ Sie versuchen nicht, durch Ihre Anerkennung einen guten Eindruck zu machen, damit Ihr Gegenüber denkt, Sie wären eine liebenswerte Person.

Sie können eine Bestätigung mit wenigen Worten ausdrücken. Es ist kein langer Text nötig, um zu zeigen, dass Sie Ihren Gesprächspartner gelten lassen. Wichtig ist, dass Sie es wirklich so meinen. Und das geht nur, wenn Ihre Bestätigung aus einer akzeptierenden Geisteshaltung kommt und nicht aus der Trickkiste der Manipulation.

Bestätigende Worte

- ✗ »Das kommt vor.«
- ✗ »Geht mir manchmal genauso.«
- ✗ »Das ist okay.«
- ✗ »Von mir aus ist das in Ordnung.«
- ✗ »Ja, so ist das.«
- ✗ »Ja, das ist Ihre Meinung. «
- ✗ »Das finde ich nachvollziehbar.«
- ✗ »Das ist für mich kein Problem.«
- ✗ »Damit komme ich zurecht.«

✗ »Das kann passieren.«
✗ »Ich kenn das von mir selbst.«
✗ »Ja, das verstehe ich.«

Keine Bestätigung

✗ »Was, um Gottes Willen, hast du dir dabei gedacht?«
✗ »Lieber lass ich mich vierteilen, als das hinzunehmen.«
✗ »Das lass ich mir nicht bieten.«
✗ »Denkste!«
✗ »Nicht um alles in der Welt werde ich das akzeptieren.«
✗ »Auch das noch!«
✗ »Jetzt ist bei mir der Ofen aus!«
✗ »Muss das sein?«
✗ »Das hast du dir so gedacht!«
✗ »Das kannst du dir komplett an den Hut stecken.«
✗ »So weit kommt es noch.«
✗ »Wie kann man nur ...?«
✗ »Das kann ja heiter werden.«
✗ »Das hätten Sie wohl gern.«

Muss man den anderen mit Worten bestätigen? Eindeutig nein. Akzeptanz zeigt sich auch im Schweigen, im Zuhören, im wortlosen Präsentsein.

Lass mir meine Tränen

SO EINE VORSTELLUNGSRUNDE ZU BEGINN EINES TRAININGS IST NICHT UNBEDINGT DER ANGENEHMSTE TEIL. Alle sind sich noch fremd und jetzt soll man gleich etwas über sich selbst sagen.

(Eigentlich ist es kein Sollen, sondern komplett freiwillig.) Nichts Weltbewegendes, nur der Name, in welcher Firma bzw. in welcher Abteilung man arbeitet, was man da macht, vielleicht noch ein paar Worte zum Privatleben, über die Kinder, Haustiere – was man so über sich sagen will. Diese Vorstellungsrunde ist mir immer wichtig, denn sie wirkt wie ein Mundöffner. Wer gleich zu Anfang in der Runde was sagt, meldet sich später öfter zu Wort. Die Leute werden schneller miteinander warm, wenn sie wissen, wer da mit ihnen zusammen im Raum sitzt.

In diesem Training war die Vorstellungsrunde von Anfang an witzig. Die Teilnehmer erzählten von ihrem Job, den sie mit viel Routine erledigten, und dann sprachen sie über ihre Kinder, ihre Hunde und ihre kleinen schlechten Angewohnheiten. Ja, diese Leute hatten Humor.

Die Vorstellungsrunde war fast zu Ende. Eine Teilnehmerin fehlte noch. Sie saß ein wenig eingesunken auf ihrem Stuhl, schaute nach unten und knetete dabei ihren Kugelschreiber. Die Frau sah so aus, als würde sie mit sich ringen. Jetzt war sie als Letzte dran und alle Augen richteten sich auf sie. Ich dachte zuerst, sie hätte Lampenfieber. Ich wollte ihr beistehen und sagte zu ihr, dass es hier keinen Zwang gebe. Sie müsse nichts sagen, wenn sie nicht wollte. Aber sie wollte.

Sie holte tief Luft. Die Worte kamen nur sehr langsam aus ihr heraus: »Ich war mir nicht sicher, ob ich überhaupt zu diesem Training kommen sollte.« Sie holte wieder tief Luft und schaute nach unten. »Dieser Tag ist für mich ein besonderer Tag.« Sie schluckte und dann sah sie mich direkt an. »Genau heute vor einem Jahr wurde meine Tochter überfahren. Sie ist seit einem Jahr tot. Sie war erst sechs Jahre alt. Ein Autounfall. Heute Morgen wusste ich nicht, ob ich es schaffen würde, hierher zu kommen.« Die Frau hatte rote Augen, aus denen Tränen herausliefen.

Es war still im Raum. Kein Wort, kein Geräusch, keine Bewegung. Ich schaute die Frau an und hatte nichts zu sagen. Eine Welle der Trauer schwappte in mir hoch, einfach so, ganz von selbst. Ich fühlte, wie ein paar Tränen an meinen Wangen hinunterliefen. Ich weinte, ohne mein Gesicht zu bewegen.

Die Frau, der auch die Tränen übers Gesicht liefen, zuckte mit den Schultern: »Ich weiß nicht, ob ich hier richtig bin, an so einem Tag.« Das wusste in diesem Moment niemand. Und doch war alles genau richtig.

Es gab keine Worte, die jetzt gepasst hätten. Es gab absolut nichts zu sagen. Und seltsamerweise wusste das jeder, der in diesem Raum saß. Irgendjemand kramte herum und zog ein Päckchen Papiertaschentücher hervor. Nasen wurden geputzt. Die Trauerwelle hatte den Raum gefüllt. Wir alle bestätigten dieses Gefühl – wortlos. Ein wohltuendes Schweigen.

Ich weiß nicht mehr, wie lange wir so still dasaßen, aber irgendwann kamen Sätze aus meinem Mund. Meine Stimme war belegt. »Sie können das so machen, wie es Ihnen guttut. Sie bleiben hier, wenn es für Sie okay ist. Und wenn nicht, dann gehen Sie einfach. Oder Sie machen zwischendurch eine Pause. Ganz wie Sie wollen.« Die Frau wischte sich mit dem Handrücken die Tränen ab und nickte: »Ja, das dachte ich mir auch so.«

Ich wusste jetzt nicht, wie ich mit dem Training weitermachen sollte. Etwas Größeres hatte meinen Ablaufplan durcheinandergebracht. Aber dieses Größere brauchte jetzt vor allem eins: gelten lassen. Auch das, was ungeplant auftaucht, sich breitmacht und uns alle mitgenommen hat, will einfach nur akzeptiert werden. Wir machten eine Pause. Einige Teilnehmer redeten mit der Frau. Sie erzählte etwas über ihre tote Tochter. Zwischendurch weinte sie wieder.

Die Traurigkeit begleitete dieses Training den ganzen Vormittag. Bereits am Nachmittag tauchte das erste Lachen wieder auf. Und es kam ausgerechnet von dieser Frau. Die Teilnehmer arbeiteten in Kleingruppen und sie fing an, über irgendetwas herzhaft zu lachen. Die Heiterkeit machte sich breit und fand ihren Platz direkt neben der Traurigkeit. Die Frau blieb die ganze Zeit bei uns, arbeitete mit und zwischendurch amüsierte sie sich zusammen mit der Gruppe.

Ihre Geschichte verlieh diesem Training einen enormen Tiefgang, für den ich immer noch sehr dankbar bin. Jeder Einzelne, der dabei war, wurde mit der Frage konfrontiert: Worum geht es in diesem Leben und was ist für mich das Wesentliche?

Sag Ja zu meinem Nein

Sie können mit einer einfachen Bestätigung bei Ihrem Gegenüber oft mehr erreichen als mit all Ihren Überredungskünsten. Die sanfte Bestätigung hat die Kraft, festgefahrene Zustände aufzuweichen und zum Fließen zu bringen. Hinzu kommt noch die große Heilwirkung. Kummer, Sorgen, Ärger – all das will nicht ausgemerzt, ausgerissen oder weggemacht werden. Alles Schmerzhafte braucht vor allem eine wohlwollende Bestätigung.

Das, was wir bei uns selbst und bei unserem Gegenüber wirklich gelten lassen, kann sich verändern. Aber das, was wir ohne Bestätigung nur wegdrücken wollen, bleibt hartnäckig bestehen – bei uns selbst und bei anderen.

Es gilt die Regel:

**Die Bestätigung eröffnet einen Freiraum,
in dem sich alles ändern kann.**

Wir wollen auch mit unserem Nein, mit unserem Geht-
Nicht, dem Kann-ich-Nicht und dem Will-ich-Nicht anerkannt werden. Wir sehnen uns danach, so sein zu dürfen,
wie wir gerade sind.

Eine allzu heftige Überzeugungsarbeit löst oft Widerstand aus. Wir reagieren verstimmt, wenn wir merken, dass
wir etwas unbedingt denken oder tun sollen, dass wir nur
Mittel zum Zweck sind, dass unser Ja nur ein Ziel ist, dass
sich unser Gegenüber gesetzt hat. Wir widersetzen uns diesem Druck. Und bevor wir uns innerlich wieder öffnen, will
unser Widerstand respektiert werden.

Schauen Sie sich Diskussionen an, in denen sich die
Fronten verhärtet haben. Wenn Menschen nicht bestätigt
werden, neigen sie dazu, sich zu wiederholen. Dabei sprechen sie immer lauter und wählen noch drastischere Formulierungen. Sie drehen mehr auf, in der Hoffnung, jetzt
endlich auf der anderen Seite anzukommen. Sie wollen
bestätigt werden. Solange sie diese Bestätigung nicht bekommen, drehen sich die Argumente im Kreis und das
Gesprächsklima wird rauer.

Überzeugungskraft hat nur derjenige, der auch bestätigen kann. Denn wer bestätigt, sorgt dafür, dass der andere
innerlich offen bleibt und die Gegenargumente wirklich
an sich ranlässt. Wer verändern will, ohne den Standpunkt des anderen gelten zu lassen, der löst nur Widerstand aus.

WARUM ES WICHTIG IST,
ANDERE MENSCHEN ZU BESTÄTIGEN
(GELTEN ZU LASSEN)

✗ Durch eine Bestätigung wird Ihr Gegenüber aufnahme-
fähig. Bestätigen Sie zuerst die Ansichten Ihres Gesprächspartners, bevor Sie ihn unterrichten, trainieren
oder belehren.

✗ Bestätigung ist die Tür zu einer Veränderung. Bestätigen
Sie Ihren Gesprächspartner zuerst, wenn Sie möchten,
dass diese Person Ihnen entgegenkommt, beispielsweise
in einem Verkaufsgespräch, in einer kontroversen Diskussion, bei einem Streit oder wenn Sie sich durchsetzen
wollen.

✗ Ihre Bestätigung sorgt dafür, dass Sie aus Ihrer Verwick-
lung mit dem Gegenüber rauskommen. Das Emotionale
ändert sich, wenn es wirklich (d.h. ohne zu manipulie-
ren) akzeptiert wird.

✗ Gegenseitige Bestätigung ist das Geheimnis langjähriger
Beziehungen. Zwei Menschen können dauerhaft miteinander auskommen, wenn sie die Schrulligkeiten des
jeweils anderen gelten lassen, statt dagegen Krieg zu
führen.

✗ Durch eine Bestätigung verschaffen Sie sich Zeit zum
Nachdenken. Bei einer überraschenden Äußerung Ihres
Gegenübers sorgt Ihre Bestätigung dafür, dass Sie zu
Wort kommen – ohne direkt Stellung zu beziehen. Sie
sagen zunächst weder Ja noch Nein. Sie lassen nur die
Worte Ihres Gesprächspartners gelten und gewinnen so
Bedenkzeit.

✗ Jede Ihrer Bestätigungen reduziert Ihren Stress. Ihr Ja
zur anderen Person, so wie der Betreffende gerade ist,

sorgt dafür, dass Ihr eigenes Verhalten geschmeidiger und müheloser wird. Sie erreichen mehr mit weniger Aufwand.

✗ Wenn Sie zu jemandem sagen »Machen Sie doch, was Sie wollen. Ist mir doch egal«, dann ist das keine Bestätigung. In dem »Ist mir egal« steckt mehr Geringschätzung als Wertschätzung. Eine ernst gemeinte Bestätigung ist warmherzig und wohlwollend. Sie fühlen den Unterschied.

Das bange Herz der Eltern

DIE ELTERN VON ALEXANDER HABEN ANGST. Sehr viel Angst. Alexander muss operiert werden, am Herzen. Und dabei ist er noch so klein, noch nicht mal ein Jahr alt. Ein Arzt wird ihm den Brustkorb aufschneiden.

Alexanders Mutter hat in den letzten Nächten nicht mehr richtig geschlafen vor Sorge. Der Vater versucht stark zu sein, aber er kann seine eigene Angst nicht immer verbergen. Der Kinderarzt im Krankenhaus erklärt den Eltern die Operation Schritt für Schritt. Aber die beiden hören kaum richtig zu. Sie verstehen die vielen Fachausdrücke und Fremdworte nicht. Außerdem sind sie viel zu aufgeregt. Der Kinderarzt sagt den beiden, dass ein anderer Arzt ihr Kind operieren wird. Ein Herzchirurg, der sich auf die Herzen von kleinen Kindern und Babys spezialisiert hat.

Zwei Tage vor dem Eingriff haben die Eltern einen Termin bei diesem Herzchirurgen, der ihr Kind operieren wird. In einem nüchternen Büroraum im Krankenhaus begegnen sie dem Spezialisten, einem grauhaarigen Mann im weißen Kittel. Er sitzt hinter einem großen Schreibtisch.

Auch dieser Arzt fängt mit den notwendigen Sachinformationen an. Er erklärt den Ablauf der Operation noch einmal. Er bemüht sich, das Ganze in verständlichen Worten zu beschreiben. Aber er sieht auch, wie nervös die Eltern sind. Er kommt hinter seinem Schreibtisch hervor und schiebt seinen Stuhl neben den Vater. Dann erzählt dieser Herzspezialist von seinem eigenen Sohn. Ein Sohn, der heute schon erwachsen ist. Damals, als er zwei Jahre alt war, musste der Junge an der Hüfte operiert werden. Der Arzt erzählt, welche Ängste er und seine Frau damals ausgestanden haben. Die Eltern von Alexander hören gebannt zu.

Der Arzt beschreibt, wie hilflos er sich gefühlt hat, obwohl er schon selber Arzt war. Und wie er versucht hat, seine Frau zu beruhigen, während er in Wirklichkeit eine Heidenangst hatte. Alexanders Vater nickt. Ja, genauso geht es ihm auch.

Die Eltern fassen Vertrauen zu diesem Arzt. Er redet nicht von oben herab mit ihnen, sondern auf der gleichen Ebene. Mit ihm können sie über all das reden, was sie beunruhigt, denn er ist auch ein Vater, der das durchgemacht hat.

Die Eltern werden zuversichtlicher. Sie wissen jetzt, dass ihr kleiner Sohn in guten Händen ist. Ihre Angst ist zwar nicht ganz weg, aber deutlich weniger geworden.

Die Operation verläuft gut. Der kleine Alexander erholt sich schnell. Die Eltern tragen viel dazu bei, weil sich ihre zuversichtliche Stimmung auf das Kind überträgt. Ihr Vertrauen war am Ende stärker als ihre Angst.

Gespräche, die heilen können

Kommunikation ist auch Heilung. Wenn Ärzte, Patienten und Angehörige miteinander reden, ist das nicht immer einfach. Die erste Hürde sind die vielen medizinischen Fachausdrücke und komplizierten Beschreibungen. Viele Ärzte (wie auch andere Experten) brauchen eine Fortbildung in Sachen verständliches Erklären. Der Laie, der sowieso schon beunruhigt, verängstigt und aufregt ist, hört oft nur mit einem halben Ohr zu. Hier hilft es sehr, wenn der Arzt die vier Werkzeuge der Kommunikation nacheinander einsetzt:

1. Die ungeteilte Aufmerksamkeit für den Patienten oder die Angehörigen
Für die Dauer des Gesprächs keine Störungen, kein Pieper, kein Telefon und auch kein Multitasking. Sich kurz abzuschotten für das Gespräch ist effizienter als ein ständig gestörtes Gespräch, das sich in die Länge zieht und unkonzentriert abläuft. Ungeteilte Aufmerksamkeit heißt vor allem auch, dass der Arzt zuhören kann.

2. Einen guten Kontakt aufbauen
Manche Ärzte haben die seltsame Angewohnheit, den Patienten auf seine Krankheit zu reduzieren. Der Patient wird dann zur Gallenblase, die auf Zimmer 318 liegt. Oder zur Bypassoperation, die für Dienstag angesetzt ist. Es kann kein vertrauensvoller Kontakt entstehen, wenn der Patient wie ein wandelnder Defekt behandelt wird. Zuerst den Menschen beachten und dann erst die Krankheit – das ist die richtige Reihenfolge im Kontakt.

3. Eine gemeinsame Wellenlänge herstellen
Für eine vertrauensvolle Zusammenarbeit zwischen Patient und Arzt ist es wichtig, dass der Arzt nicht von oben herab mit dem Patienten spricht. Wenn das Gespräch auf gleicher Augenhöhe stattfindet, traut sich der Patient viel eher das auszusprechen, was ihn stört, was er befürchtet und was ihm noch unklar ist.

4. Die Gefühle des Patienten oder der Angehörigen gelten lassen
Um das Thema Krankheit kreisen viele Ängste, Sorgen und manchmal auch Wut. Mittlerweile weiß man, dass die Gefühlslage eines Menschen entscheidend zu seiner Heilung beitragen kann oder aber die Heilung blockiert. In einem heilsamen Patienten-Arzt-Gespräch werden diese Gefühle auch angesprochen. Der Arzt kann hier ein Vorbild sein, indem er beispielsweise die Angst seines Patienten respektiert und einfühlsam damit umgeht. Der Patient lernt so, dass seine Angst nicht falsch ist oder bekämpft werden muss. Er fühlt sich weniger gestresst, wenn er merkt, dass er so akzeptiert wird, wie er sich gerade fühlt.

Dieser respektvolle, zugewandte Umgang mit den Patienten schafft ein Klima, in dem das wirken kann, was auch zur Heilung gehört: eine vertrauensvolle Beziehung zwischen dem Patienten und dem Arzt. Und immer mehr Ärzte wissen, dass diese Beziehung ebenso viel bewirken kann wie ein gutes Medikament.

Das werde ich niemals akzeptieren!

Das wirkliche Leben, das wir jeden Tag zu spüren bekommen, ist nicht ganz so aalglatt und einfach, wie es in der Ratgeberliteratur gern zelebriert wird. Theoretisch mag die Bestätigung ja super funktionieren, doch dann kommt das große Aber: »Aber so einfach ist das alles nicht.«

Ich darf Ihnen verraten, dass ich dieses »Aber« gern habe. Ich freu mich, wenn das große »Aber« auf den Tisch kommt. Das »Aber« erhebt Einspruch: Da ist etwas, das du in deiner ganzen Schlauheit nicht im Blick hast. Etwas, das nicht in dein schönes Konzept passt. Denn in Wirklichkeit gibt es Menschen und Situationen, die kann man nicht bestätigen. Dafür gibt es keine Akzeptanz, kein Geltenlassen.

Was ist, wenn der andere sich wirklich danebenbenimmt? Soll man dann munter drauflos bestätigen? Freundlich akzeptieren, was so ganz und gar inakzeptabel ist?

Hier kommt ein kleiner Härtetest für Ihre Akzeptanz.

Können Sie Folgendes noch bei Ihren Mitmenschen anerkennen, bestätigen oder gelten lassen?

- Sie ziehen mit Ihrem Freund zusammen in eine gemeinsame Wohnung. Ihr Liebster besteht darauf, jede Nacht in seiner Spongebob-Bettwäsche zu verbringen. Er hat sogar noch vier Garnituren Spongebob-Bettwäsche extra für Sie gekauft. Können Sie das bei Ihrem Schatz bestätigen und gelten lassen?
- Ihr neuer Chef hat einen Hang zum Drama. Er stürmt mehrmals am Tag, ohne jede Vorankündigung, in Ihr Büro und redet wie ein Wasserfall auf Sie ein. Er ist der Pressechef der Firma und wegen irgendetwas ist er im-

mer sehr aufgeregt. Er redet wild gestikulierend, ohne Punkt und Komma. Sie haben keine Chance, diesen Wortschwall auch nur ansatzweise zu verstehen oder zu unterbrechen. Können Sie diesen Chef, so wie er ist, Tag für Tag wirklich anerkennen und gelten lassen?

- Sie haben eine Idee, wie man die Werbekosten minimieren könnte. In der Mittagspause sprechen Sie mit Ihrer Kollegin darüber. Im anschließenden Meeting präsentiert Ihre Kollegin diese Idee und tut so, als wäre ihr das Ganze eingefallen. Die Chefin ist beeindruckt, die Kollegen nicken zustimmend. Ihre Kollegin bekommt den Beifall für eine Idee, die sie Ihnen geklaut hat. Können Sie Ihre Kollegin so akzeptieren, wie sie gerade ist? Bedingungslos?

Würden Sie sich nicht lieber einen Kugelschreiber ins Ohr stecken, als diese Leute auch noch zu bestätigen?

Ja, das süße Bambi und das liebe Schneewittchen zu bestätigen, das ist keine Kunst. Aber diese Nervensägen sind für uns eine echte Herausforderung. Wie sollen wir Leute bestätigen, die sich so seltsam benehmen?

Nein, diese Typen kriegen erst Anerkennung und Bestätigung von uns, nachdem sie vernünftig geworden sind oder nachdem sie sich bei uns entschuldigt haben. Vorher gibt es nichts außer Murren und Knurren.

Ich werde von meiner Schwiegermutter nicht akzeptiert, was nun?

Wie geht das mit dem Akzeptieren, wenn man selbst nicht akzeptiert wird? Meine Schwiegermutter mag mich nicht. Ich kriege keinen Kontakt zu dieser Frau. Sie meckert ständig und sie will mich nicht akzeptieren. Sie findet, ich koche nicht gut genug für ihren Sohn und mein Haushalt wäre nicht ordentlich und nicht sauber genug. Wie soll ich sie akzeptieren, wenn ich in ihren Augen nicht gut genug bin?

ICH HOFFE, SIE VERZEIHEN MIR MEINE OFFENEN WORTE. Ich sage Ihnen einfach, was mir durch den Kopf geht. Ich finde, Sie haben eine gemeinsame Wellenlänge mit Ihrer Schwiegermutter. Ihre Schwiegermutter ist nicht mit Ihnen einverstanden und Sie sind nicht mit Ihrer Schwiegermutter einverstanden. Da sind Sie sich beide sehr ähnlich.

Ihre Schwiegermutter findet, dass Sie einiges nicht richtig machen, und auch in dem Punkt sind Sie ihr sehr ähnlich. Sie finden, dass Ihre Schwiegermutter einiges nicht richtig macht, beispielsweise, dass sie Sie nicht richtig behandelt.

Ihre Schwiegermutter will Sie nicht akzeptieren und auch da sind Sie ihr ähnlich, denn Sie wollen diese Frau ebenfalls nicht akzeptieren.

Ihre Schwiegermutter meckert und Sie ... na ja, Sie beschweren sich über Ihre Schwiegermutter.

Können Sie akzeptieren – und zwar liebevoll akzeptieren –, dass Sie viel mit Ihrer Schwiegermutter gemeinsam haben?

Ich weiß, das ist ein harter Brocken.

Wenn Sie sich einen freundlicheren Umgang mit ihr wünschen, dann fangen Sie bei sich an. Ändern Sie Ihre Aufmerksamkeit und beachten Sie bei Ihrer Schwiegermutter auch die guten Seiten. Glauben Sie mir, sie hat welche. Anders gesagt: Hören Sie auf, das Negative in den Mittelpunkt Ihrer Aufmerksamkeit zu stellen. Lassen Sie diese Frau wissen, dass Sie ihre guten Seiten bei ihr sehen und wertschätzen können. Stellen Sie das in den Mittelpunkt.

Akzeptieren Sie, dass Ihre Schwiegermutter eine andere Meinung hat, was das Kochen und die Ordnung im Haushalt betrifft. Und jetzt das Wichtigste: Das darf sein. Lassen Sie die Meinung Ihrer Schwiegermutter gelten – ohne dass Sie Ihre eigene Meinung ändern müssen. Ihre Meinung darf auch sein. Zwei gegensätzliche Ansichten – Sie können beide einfach nur gelten lassen. Es ist okay, dass die Schwiegermutter ihre eigene Meinung hat und diese auch vertritt. Und sie darf ihre Ansichten auch durch Meckern vortragen. Es ist gut möglich, dass Sie dieses Meckern wie eine Zurückweisung empfinden. Ja, Sie mögen dieses Meckern nicht und auch Ihr eigenes Nicht-Mögen können Sie liebevoll akzeptieren. Alle Ihre Gefühle sind okay.

Und jetzt will ich das Ganze auf den Punkt bringen: Verzichten Sie darauf, dass Ihre Schwiegermutter Sie für gut genug hält. Verzichten Sie auf die Anerkennung dieser Frau. Lassen Sie Ihre Erwartungen los. Erlauben Sie Ihrer Schwiegermutter, dass sie Sie nicht anerkennt.

Wenn Ihre Schwiegermutter wieder meckert, können Sie ihr den Wind aus den Segeln nehmen, indem Sie ihr entgegnen: »Ja, da haben wir unterschiedliche Auffassungen.« Oder Sie sagen: »Ja, das ist deine Meinung.« Sagen Sie solche Sätze ohne giftigen Unterton. Reden Sie wohlwollend mit ihr. Und das geht am besten, wenn Sie tatsächlich Ihren Wunsch nach Anerkennung loslassen und Ihre Aufmerksamkeit auf die guten Seiten Ihrer Schwiegermutter lenken. Diese Frau ist, wie Sie auch, ein lebendiger Schatz. Und Sie brauchen ihre Anerkennung nicht.

Hallo, du kleiner Stinker

Können wir wirklich etwas Abstoßendes bei einem Menschen bestätigen und diese Person damit gelten lassen? Ja, das geht. Um das zu tun, müssen Sie nicht einmal ein Heiliger sein oder ein Psychotherapeut. Ich wette, Sie haben es sogar schon getan. Dazu ein Beispiel.

Denken Sie an ein süßes Baby. Stellen Sie sich vor, Sie sind die Mutter oder der Vater dieses Babys. Der Wonneproppen macht nun das, was Babys weltweit gerne tun – er macht in die Windeln und zwar kräftig. Sie als Mutter oder Vater tun das Nötige und wechseln die Windeln. Jetzt ein Hinweis für die Kinderlosen: Babys können wirklich gewaltige Ausscheidungen von sich geben, die auch noch unsagbar stinken. Jeder, der so eine volle Windel schon mal gerochen und gesehen hat, fragt sich unwillkürlich, wie ein so kleines, unschuldiges Wesen nur so einen riesigen Stinkhaufen produzieren kann und womit dieser Säugling wohl gefüttert wurde.

Sie sehen und riechen die Bescherung in der Windel Ihres Babys. Können Sie dieses Baby akzeptieren, so wie es gerade ist? Auch dann noch, wenn Sie wirklich angewidert den Kopf wegdrehen und nur noch durch den Mund ein- und ausatmen können? Können Sie dieses kleine Würmchen gelten lassen, mitsamt der ganzen Kacke, die Ihnen dieser kleine Mensch darbietet?

Ja, sehr wahrscheinlich können Sie das. Und nicht nur das, Sie können sogar mit dem kleinen Stinker, der da auf dem Wickeltisch liegt, lachen und scherzen. Sie können das Baby lieb haben, obwohl es die Windeln vollmacht, spuckt, schreit und das auch noch nachts, wenn Sie schlafen wollen. Es muss nicht einmal Ihr eigenes Kind sein. Sie können auch als Freund oder Freundin der Eltern die Windel eines Babys wechseln, dabei angewidert Bäh! rufen, während Sie zugleich das Baby liebevoll anerkennen.

Warum können Sie das?

Die Antwort auf diese Frage ist wichtig. Diese Antwort ist der Wegweiser, der uns zeigt, wie wir auch unsere nervigen Mitmenschen akzeptieren können.

Nimm es nicht persönlich

Wir können ein Baby mit seinen vollen Windeln akzeptieren, weil wir ganz selbstverständlich zwei Dinge voneinander trennen. Wir wissen, dass das Baby nicht mit seinen Ausscheidungen identisch ist. Anders gesagt: Auch wenn die Windel stinkt, das Baby, das diesen Stinkkram zweifellos produziert hat, ist und bleibt ein wunderbares Wesen. Und wir wissen auch, dass das Baby nicht anders kann, als seine Windeln vollzumachen. Damit will es uns nicht beleidigen oder ärgern. Es ist nicht gegen uns, wenn es seine Ausscheidungen vor uns ausbreitet. Wir müssen den stinkenden Haufen in den Windeln nicht persönlich nehmen.

So ähnlich ist es auch mit den erwachsenen Nervensägen in unserem Alltag. Auch diese Menschen sind nicht identisch mit dem, was sie von sich geben, deshalb ist auch die Bezeichnung »Nervensäge« prinzipiell falsch. Das innerste Wesen eines jeden Menschen ist wunderbar – egal, wie sehr der Betreffende uns im Moment stinkt. Hinzu kommt, dass viele (wahrscheinlich alle) Nervensägen nicht anders können. Sie produzieren den Nervkram nicht vorsätzlich, um damit jemanden fertigzumachen. Es blubbert einfach so aus ihnen heraus. Auch deshalb müssen wir diesen Stinkkram nicht persönlich nehmen.

Wenn Sie einen Menschen gleichsetzen mit dem, was er tut, sagt und fühlt, dann reduzieren Sie ihn auf seine »Ausscheidungen«, besser gesagt auf seine Äußerungen.

Und das gilt natürlich auch für Sie. Auch Sie sind nicht identisch mit Ihren »Ausscheidungen«. Was Sie von sich geben, was andere von Ihnen abbekommen, das ist nicht alles, was Sie sind. Sie sind in Ihrem innersten Wesen herzensgut, göttlich und letztlich unbeschreiblich.

Ich lass mir nicht alles gefallen

An dieser Stelle möchte ich auf einen wichtigen Unterschied hinweisen. Bestätigen und Geltenlassen ist nicht dasselbe, wie sich alles gefallen zu lassen. Sie können jemanden, der beispielsweise stinkwütend ist, vollkommen akzeptieren und genau so gelten lassen, wie er jetzt gerade ist, aber Sie müssen sich das wütende Verhalten dieser Person nicht gefallen lassen. Falls der Wüterich Sie anschreit, mit Sachen wirft oder sich anderweitig destruktiv verhält, müssen Sie diese Quälereien nicht passiv erdulden. Nein, Sie akzeptieren selbstverständlich auch Ihr eigenes Sicherheitsbedürfnis und Ihren Impuls, dem Wüterich Grenzen zu setzen.

Akzeptieren und Geltenlassen ist eine Strategie der weisen Überlegenheit und nicht eine Strategie, mit der Sie sich zum Opfer machen. Ihre Akzeptanz stärkt Ihre Handlungsfähigkeit.

Sag Ja zu dir selbst, auch wenn du schlecht drauf bist

Jetzt kommt der Dreh, der für mich – vielleicht auch für Sie – eine lebenslange Übung ist: Die ganze Bestätigungssache, das Geltenlassen der nervigen Leute, das alles fängt bei uns selbst an. Bevor wir andere Menschen in ihrem jeweiligen Sosein anerkennen und bestätigen können, brauchen wir zuerst unsere eigene Bestätigung für uns selbst. Sich selbst bestätigen und anerkennen mit allem Drum und Dran ist immer der erste Schritt.

So, wie Sie mit sich selbst umgehen, werden Sie auch mit anderen Menschen umgehen. Wie wollen Sie zu anderen Leuten Ja sagen, wenn Sie sich selbst nicht bejahen können? Solange Sie kein Erbarmen mit sich selbst haben, werden Sie Ihre Mitmenschen erbarmungslos be- und verurteilen.

Zuerst brauchen Sie ein klares Ja für alle Ihre Gedanken und Gefühle – vor allem für die Gedanken und Gefühle, die Sie erleben, wenn gewisse Leute Ihre Geduld strapazieren.

Ja, Sie sind dann mies drauf – und genauso dürfen Sie sich auch fühlen.

Ja, Sie möchten der jeweiligen Nervensäge gern den Kopf waschen, ihr eine Standpauke halten, ihr gehörig die Meinung sagen – und auch diese Anwandlungen wollen zuerst bewusst gemerkt und anerkannt werden.

Ja, in solchen Momenten sind Sie kein netter Mensch und es ärgert Sie, dass Sie kein netter Mensch sind. Auch diese Gedanken und Gefühle können Sie bei sich willkommen heißen.

Du musst mich nicht glücklich machen

Der zentrale Punkt bei dieser ganzen Bestätigungs- und Akzeptanzsache ist Ihre Unabhängigkeit. Um es kurz zu sagen: Hören Sie auf, Ihr Glück und Ihr Wohlbefinden von anderen Leuten abhängig zu machen. Wenn Sie Ihr Glück darauf aufbauen, dass andere Leute sich ordentlich benehmen und Sie auch noch wertschätzen, dann werden Sie jedes Mal unglücklich sein, wenn die Wertschätzung fehlt und Sie nur den Nervkram der anderen abbekommen.

Sie brauchen Ihre eigene Anerkennung und Wertschätzung und nicht die der anderen. Aber wie macht man das? Wie gibt man sich selbst Anerkennung und Wertschätzung?

Das ist eine enorm wichtige Frage. Die Antwort umfasst mindestens ein ganzes Buch. Ich will es hier kurz machen und Ihnen nur die Essenz präsentieren:

Lernen Sie jedes Gefühl und jede Facette Ihrer Persönlichkeit warmherzig willkommen zu heißen. Diese liebevolle Selbstakzeptanz brauchen Sie.

Wenn Sie diese Akzeptanz von anderen Leuten bekommen wollen, bürden Sie diesen Leuten einen Job auf, der nur von Ihnen erledigt werden kann. Die anderen sind nicht für Ihre Selbstakzeptanz zuständig. Ihr Partner ist nicht dafür zuständig, Sie zu akzeptieren und gelten zu lassen. Auch Ihre Kinder sind dafür nicht zuständig, ebenso wenig wie Ihre Eltern und Schwiegereltern. Ihr Chef muss Sie nicht wertschätzen und auch von Ihren Kollegen müssen Sie nicht akzeptiert werden.

Es geht immer nur darum, dass Sie sich selbst – mit allem Drum und Dran – bestätigen und wertschätzen. Solange Sie sich nicht selbst mögen, kommt die Wertschätzung Ihrer Mitmenschen bei Ihnen gar nicht richtig an.

Indem Sie Ihren Job machen und Selbstakzeptanz üben, entlassen Sie Ihre Mitmenschen aus der unheilvollen Rolle, Sie akzeptieren zu müssen. So machen Sie sich unabhängig von der Meinung der anderen und niemand muss sich mehr ändern, damit Sie glücklich sind.

WIE SIE SCHWIERIGE MENSCHEN BESTÄTIGEN KÖNNEN

✗ Fangen Sie bei sich an. Es kann sein, dass das, was jemand tut oder sagt, für Sie abstoßend, widerlich, kindisch oder nervtötend ist. Ja, das ist in Ordnung. Zuerst akzeptieren Sie Ihr Innenleben, mit allen Ihren Gedanken und Gefühlen.

✗ Geltenlassen heißt auch, dass Sie dafür sorgen, dass es Ihnen gut geht.

✗ Lassen Sie den Wunsch los, dass Ihr Gegenüber Sie glücklich machen soll oder dass der Betreffende Ihnen irgendetwas geben muss, wie beispielsweise ein gutes Gefühl, Verständnis oder Ähnliches. Sie können ein wunderbares Leben haben, während Ihr Gegenüber schwierig ist.

✗ Bestätigung ist keine Zustimmung zur Meinung des anderen. Bestätigung heißt, dass Sie eine Gegenmeinung gelten lassen. In Worte gefasst klingt das etwa so: »Ich kann akzeptieren, dass Sie so denken, und ich denke darüber anders.« Oder: »Ich kann anerkennen, dass du diesen Standpunkt vertrittst. Und für mich sieht die Sache folgendermaßen aus …«

✗ Indem Sie Ihr Gegenüber bestätigen, lassen Sie seine Gedanken und Gefühle bei ihm. Was zum anderen gehört, ist allein seine Sache. Sie müssen sich nicht darin verwickeln.

✗ Setzen Sie sich nicht unter Druck. Sie müssen niemand akzeptieren. Ja, es ist okay, wenn Sie dieses Akzeptieren und Bestätigen nicht hinbekommen.

Das größte Kunststück im Leben

Das, was sich hier so leicht liest, ist im wirklichen Alltag ein Kunststück allererster Güte. Den inneren Gemischtwarenladen willkommen zu heißen, nichts davon ablehnen oder verdammen – das ist, wie gesagt, eine lebenslange Übung.

Für mich persönlich ist der Maßstab für Erfolg im Leben: Wie gut kann ich mich akzeptieren? Wie viel von dem, was sich in meinem seelischen Gemischtwarenladen befindet, lehne ich noch ab?

Und mir ist vollkommen klar, dass alles, was ich innerlich bei mir ablehne, von außen auf mich zukommt – in Gestalt nerviger Leute, die immer wieder hartnäckig anklopfen und fragen: »Kannst du mich jetzt akzeptieren? Hast du gelernt, auch diesen Teil willkommen zu heißen?«

Wenn ich Nein sage, die Leute verurteile und ablehne, ist die Sache nicht vorbei. Ich darf (wie alle anderen auch, die ihre Hausaufgaben nicht gemacht haben) noch mal ran. Das Ungeliebte und Abgelehnte kommt in einer neuen Verkleidung, an einem anderen Ort wieder und wieder auf mich zu und bittet nur darum, akzeptiert zu werden.

Sie und ich, wir sind also keineswegs gezwungen, den Murks anderer Leute zu bestätigen. Nein, was wir ablehnen und verdammen, hat viel Geduld. Es ist so großzügig und gütig, dass es immer wieder auftaucht. Sie und ich – wir bekommen eine neue Chance – so lange, bis wir gelernt haben, das Abgelehnte gelten zu lassen. Erst dann ändert es sich. Erst dann hört es auf, uns zu nerven. Die Veränderung der anderen beginnt immer bei uns selbst.

ZUSAMMENFASSUNG

✘ Bestätigung heißt, den anderen so zu akzeptieren, wie es gerade ist, und ihm das auch zu zeigen.

✘ Bevor wir einen anderen Menschen glaubhaft bestätigen können, ist es wichtig, dass wir uns selbst akzeptieren, mit all unseren Gedanken und Gefühlen.

✘ Vor allem die unangenehmen Gefühle bei uns und beim anderen brauchen unsere Bestätigung.

✘ Wir können auch schwierige Menschen gelten lassen, ohne uns in ihre Gefühle und ihr Denken zu verwickeln.

✘ Indem wir das Sosein des anderen gelten lassen, öffnen wir einen Freiraum, in dem sich alles ändern kann.

Die Diplomatie

Die Verbindung steht. Wir reden miteinander. Und jetzt haben wir den Salat! Wir merken, dass wir nicht die gleichen Interessen haben und dass das Miteinanderreden nicht immer nur nett ist.

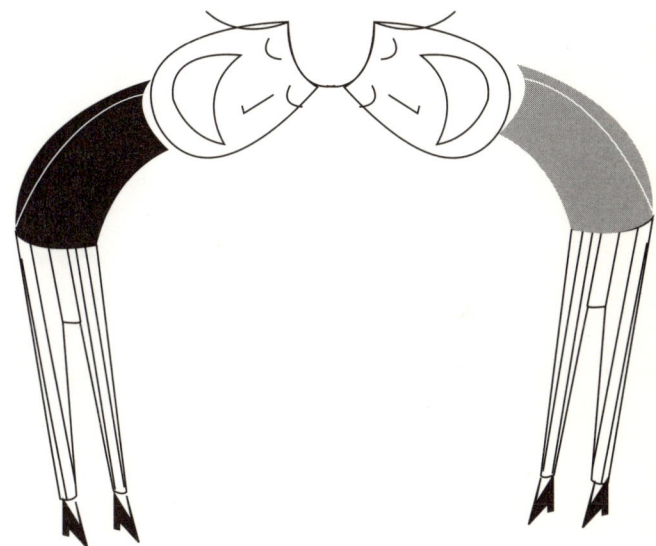

Abb. 5 Diplomatie ist die höfliche Kunst der Selbstbehauptung

Jetzt brauchen wir ein paar gute Stoßdämpfer, die dafür sorgen, dass unser Kontakt nicht durch eine unachtsame Bemerkung, ein falsches Wort zerstört wird. Ich zeige Ihnen mit dem fünften Werkzeug, wie Sie sozialverträglich reden können. Das ermöglicht Ihnen, mit anderen Menschen in Verbindung zu bleiben, auch wenn es zwischendurch mal stürmisch wird. Es geht um die Diplomatie.

Dumm gelaufen

FRAU UNGEMACH REISST SICH ZUSAMMEN. Ihr Chef hat ihr gerade einen Vogel gezeigt, die berühmte »Bei-Ihnen-piept-es«-Geste. Frau Ungemach fühlt sich angegriffen. Gerade eben hatte sie noch mit einem Großkunden telefoniert. Sie versuchte diesen Kunden zu beruhigen, mit der letzten Lieferung stimmte irgendetwas nicht. Dieser überaus wichtige Großkunde war ziemlich sauer und er blaffte Frau Ungemach an. Die war daraufhin auch nicht besonders nett zu diesem Großkunden. Schließlich muss man sich ja nicht alles bieten lassen. Das Telefonat – echt dumm gelaufen.

Genau diesen Anruf hat ihr Chef mitbekommen, wegen einer offenen Bürotür. Jetzt hätte sie seine Unterstützung gebraucht. Einen Tipp, wie man mit diesem Kunden fertig wird, oder zumindest ein wenig Trost, weil es nicht geklappt hat. Stattdessen steht er im Türrahmen und zeigt ihr einen Vogel. Motiviert man so seine Mitarbeiter? Zuerst wurde der Kunde unverschämt, dann ihr Chef.

Frau Ungemach will Ihrem Chef Kontra geben, ihm die Meinung sagen – aber wie?

Sie macht den Mund auf, bleibt aber stumm. Ihr wäre beinahe

ein schnippischer Kommentar rausgerutscht: »Na Chef, piept es bei Ihnen hinter der Stirn? Oder prüfen Sie gerade, ob Sie noch einen Kopf haben?«

Nein, das verkneift sie sich lieber. So ein Spruch wäre jetzt so wirksam wie ein Schuss ins eigene Knie.

Doch Frau Ungemach ist prinzipiell nicht auf den Mund gefallen. Sie würde einen verbalen Zweikampf mit ihrem Chef gewinnen. Trotzdem wäre sie am Ende die Verliererin. Er hat die Macht und damit sitzt er am längeren Hebel. Er kann sie vielleicht nicht rausschmeißen, aber er kann ihr das Leben zur Hölle machen. Und so verzichtet Frau Ungemach auf einen bösen Kommentar. Der Chef zeigt ihr einen Vogel und sie sagt nichts. Sie würde gern was sagen, aber es dürfte nicht allzu frech sein, sondern müsste irgendwie elegant und kultiviert klingen. Frau Ungemach wäre gern ein wenig diplomatischer.

Mach nicht so viel Wind

Die Diplomatie ist ein Kommunikationswerkzeug, das in sich viele Funktionen vereint, ähnlich wie ein Schweizer Taschenmesser, aus dem sich viele kleine Werkzeuge herausklappen lassen.

Die Diplomatie kommt oft mit einem Lächeln daher, ist aber keinesfalls harmlos. Zu ihr gehören auch die Listigkeit, die Cleverness und die Pfiffigkeit. Eine wirksame diplomatische Sprechweise wirbelt weniger Staub auf und macht weniger Krach als das laute Kämpfen. Genau deshalb ist sie dort wirksam, wo verbale Wortgefechte nur

Unheil anrichten würden. Die Diplomatie ist vor allem eine Geisteshaltung. Sie zieht kluge Menschen an, die ihre verschiedenen Beziehungssysteme (Job, Familie, Nachbarschaft, Verwandtschaft, Freundeskreis) am Laufen halten wollen. Denn wer in den eigenen Systemen nur mit harten Bandagen kämpft, darf sich anschließend mit den Kriegsschäden und der verbrannten Erde herumplagen.

Einfacher ausgedrückt: Diplomatie wird von den Menschen favorisiert, die wissen, dass man nicht in den Pool pinkelt, in dem man jeden Tag herumschwimmt.

Was wollen Sie mir damit sagen?

Kommen wir auf Frau Ungemach zurück. Der Chef zeigt ihr einen Vogel. Wie könnte sie darauf diplomatisch reagieren?

Bevor ich Ihnen verschiedene Antworten präsentiere, möchte ich Sie darauf hinweisen, dass es nicht die eine richtige diplomatische Antwort gibt. Es gibt viele verschiedene Antworten, die alle diplomatisch sind. Die richtige ist die, die zu Frau Ungemach passt. Passend zu der Art, wie sie redet und wie sie sich fühlt. Und zugleich wäre es wichtig, dass die Antwort ihr in ihrem Job etwas nützt und nicht schadet.

Hier eine kleine Auswahl, wie Frau Ungemach auf das Vogel-Zeichen ihres Chefs reagieren könnte, und zwar diplomatisch. Einer dieser Sätze würde ausreichen.

✗ »Oh, was wollen Sie mir damit sagen?«
✗ »Verzeihung, aber ich weiß nicht genau, was Sie damit meinen.«

✗ »Sieht aus, als würden Sie mir einen Vogel zeigen. Könnten Sie das bitte erklären.«

✗ »Sie möchten mir etwas sagen. Könnten Sie das bitte in Worte fassen.«

✗ »Ich vermute, Sie sind nicht einverstanden. Liege ich da richtig?«

✗ »Bitte sagen Sie mir Ihre Meinung. Ich kann ein offenes Feedback vertragen.«

Mit diesen oder ähnlichen Antworten bittet Frau Ungemach um eine Klärung. Damit geht sie weg von den unirdischen Andeutungen ihres Chefs und bittet um ein konstruktives Gespräch. Sie sorgt dafür, dass die bereits missliche Situation (dumm gelaufenes Kundengespräch plus Vogel-Chef) nicht noch weiter eskaliert. Ja, auch Führungskräfte brauchen manchmal ein wenig Führung.

Schonwaschgang für schlechte Manieren

Die Diplomatie ist der Schonwaschgang, der unseren zwischenmenschlichen Murks bereinigt. Dieser Murks entsteht manchmal, wenn Menschen spontan ihre Impulse rauslassen. Oder wenn sie vergessen, im Hochsommer ein Deo zu benutzen, oder wenn sie anderen Leuten den Joghurt wegessen, wenn sie ihre benutzten Tassen einfach irgendwo abstellen, wenn sie den Hochzeitstag vergessen, wenn sie ihre Fußnägel im Wohnzimmer abknipsen und ihre abgeknipsten Nägel nicht einsammeln, wenn sie einen nicht ausreden lassen oder wenn sie sich die Schnupfnase am Jackenärmel abwischen.

Da treffen nicht nur unsere guten Seiten und die hochgelobten Kompetenzen aufeinander. Nein, es kommen hin und wieder auch ein paar unserer schlechten Manieren ans Licht. Unsere Persönlichkeit ist eben ein Gemischtwarenladen und niemand von uns ist durchgängig nur edel, hilfreich und gut. Wir alle können auch ganz anders sein.

Die Diplomatie ist, wie schon gesagt, keinesfalls zahm oder nur nett. Sie ist durchaus auch kämpferisch. Aber eben nicht in dieser Hau-drauf-Manier, nach dem Motto: Wenn du mir dumm kommst, komm ich dir noch dümmer!

Nein, wir können die Grobheiten anderer Menschen raffiniert umschiffen und dann aushebeln. Hier noch ein Beispiel aus der Welt der Arbeit.

Schön, dass wir uns da einig sind

HERR GRAUS IST DER PROTOTYP DES PERFEKTEN UNTERTANEN. Nach oben buckelt er, indem er dem Chef immer recht gibt. Nach unten tritt er, indem er die Vorschläge und Initiativen seiner Kollegen rundheraus ablehnt.

Es geht um eine neue Fahrtkostenabrechnung. Frau Kraft hat ein Abrechnungsverfahren ausgetüftelt, das ihr die Arbeit erleichtern wird. Jetzt will sie ihre Idee in einem Meeting dem Chef und den übrigen Kollegen vorstellen.

Frau Kraft hat dabei leider drei Nachteile auf ihrer Seite. Erster Nachteil: Herr Graus ist dabei. Zweiter Nachteil: Sie ist erst seit acht Wochen in der Firma. Und der dritte Nachteil: Sie ist eine Frau. Damit hat sie in dieser Firma die maximale Verliererposition. Alle vermuten, dass sie mit ihrer Idee furios scheitern wird. Herr Graus wird ihren Vorschlag ablehnen, noch bevor sie den Chef davon überzeugen kann. Herr Graus wird sie einfach zusammenfalten. Die Leute erwarten ein verbales Gemetzel.

Frau Kraft hat sich gut vorbereitet. Sie steht selbstbewusst da und erklärt das neue, verbesserte Abrechnungsverfahren. Wie nicht anders erwartet, zeigt Herr Graus deutlich, dass ihm das Ganze nicht gefällt. Der Chef hält sich zurück, hört zu, wartet ab.

Während Frau Kraft engagiert redet, stöhnt Herr Graus genervt auf und verdreht die Augen. Ja, das ist der Test. Alle beobachten gespannt, wie die junge Frau Kraft darauf reagiert. Wird sie ihn laut und empört angreifen? Verliert sie die Nerven? Gibt sie auf und fängt an zu weinen? Das Meeting ist jetzt richtig spannend geworden. Und Herr Graus scheint in Hochform zu sein.

Aber Frau Kraft hatte nicht nur eine gute Idee, sie versteht auch eine Menge von angewandter Diplomatie. Herr Graus stöhnt bereits zum zweiten Mal auf und jetzt kann Frau Kraft diese Töne nicht mehr ignorieren. Sie schaut Herrn Graus an und sagt munter: »Sie atmen auch tief aus, genau wie ich. Mir ist auch ein Stein vom Herzen gefallen, nachdem ich dieses verbesserte Abrechnungsverfahren entwickelt habe. Ja, da kann man nur erleichtert ausatmen. Schön, dass wir uns da einig sind.«

Schön, dass wir uns da einig sind? Herr Graus traut seinen Ohren nicht. Jetzt sitzt er plötzlich mit diesem vorlauten Fräulein in einem Boot und da will er auf keinen Fall rein. Das muss er richtigstellen.

»Ich bin nicht einverstanden!«, ruft er aufgebracht und schlägt dabei energisch mit der Hand auf den Konferenztisch. »Ich finde, ihr Abrechnungsdingsda ist für'n Papierkorb!« Herr Graus unterstreicht seine Meinung deutlich mit einem Daumen nach unten.

Zum Glück hatte Frau Kraft an diesem Tag jede Menge Engelszungen gefrühstückt. Und die kommen ihr jetzt wieder hoch.

Sie lächelt und spricht mit sanfter Stimme. »Herr Graus, Sie haben sicherlich gute Argumente für Ihren Standpunkt. Ich wäre Ihnen sehr dankbar, wenn Sie mir sagen, welche Punkte ich noch überarbeiten müsste. Und wie ich das neue Abrechnungsverfahren noch effizienter gestalten könnte.«

Herr Graus winkt ab. »Mit diesem Blödsinn beschäftige ich mich nicht. Ich hab hier Wichtigeres zu tun.«

Frau Kraft hat immer noch ein entspanntes Gesicht. »Oh, das verstehe ich gut. Sie haben Wichtigeres zu tun. Dennoch würden mich Ihre Argumente und Ihre Kritikpunkte interessieren. Und ich weiß, dass Sie jetzt nicht alle Details darlegen können. Zwei bis drei Hinweise würden mir reichen.«

Frau Kraft ist überraschend ruhig geblieben. Sie ist nicht mit voller Wucht gegen diesen Gesprächsfelsen gekracht. Sie segelt elegant drüber hinweg. Dabei wirkt sie, als könne sie stundenlang so herumsegeln, mit ihren Engelszungen und den diplomatischen Redewendungen, die aus ihrem Mund kommen. Dagegen sieht Herr Graus alt aus.

Er schüttelt den Kopf. »Soweit kommt es noch! Dass ich auch noch Ihre Arbeit mache. Verschonen Sie mich damit.«

Frau Kraft nickt dieses Mal ganz ernst. Und sie sagt, mehr zur restlichen Gruppe als zu Herrn Graus: »Dann werte ich das als Zustimmung. Vielen Dank, dass Sie so offen Ihre Meinung gesagt haben.«

Herr Graus schimpft, weil ihm hier die Worte im Mund umgedreht werden. Aber alle merken es: Er ist in der Defensive. Er hatte keine echten Argumente, keine Verbesserungsvorschläge. Damit steht es eins zu null für Frau Kraft. Sie hat diese Feuerprobe bestanden.

Der Chef, der sich die ganze Diskussion schweigend ange-schaut hatte, nickt anerkennend. Von ihm gibt es ein Okay zur neuen Fahrtkostenabrechnung. Frau Kraft ist mit dem ewigen Neinsager fertig geworden und zwar ohne viel Blutvergießen. Hut ab vor dieser Frau.

Mach mir keinen Stress

Die meisten von uns sind sehr empfänglich für Diplomatie. Wir reagieren auf die Feinheiten in der Sprache. Für uns ist es ein Unterschied, ob jemand zu uns sagt: »Sag mal, wie blöd bist du denn? Du machst die Haustür zu und der Schlüssel steckt noch von drinnen? Ich fass es nicht!« Oder ob das Ganze diplomatischer ausgedrückt wird: »Die Tür ist zu und der Schlüssel ist noch drinnen? Mist! Das ist echt ärgerlich. Aber so etwas passiert schon mal in der Hektik des Alltags.«

Bei der ersten, schroffen Reaktion werden die bereits vorhandenen schlechten Gefühle noch verstärkt. Bei der zweiten, diplomatischen Reaktion werden die vorhande-nen schlechten Gefühle anerkannt, was immer eine kleine Erleichterung ist, und das Missgeschick wird nachsichtig relativiert (»So etwas passiert schon mal«).

Eine diplomatische Redeweise ist auch ein kleines Emo-tions-Lifting. Mit diesem Werkzeug werden die Härten des Lebens erträglicher.

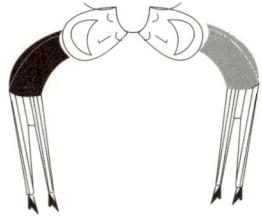

WAS SIE MIT DEM FÜNFTEN WERKZEUG, DER DIPLOMATIE, ERREICHEN KÖNNEN

✗ Sie können durch Diplomatie die schroffen und harten Aussagen Ihrer Mitmenschen sanft abfangen und dadurch einen eskalierenden Streit vermeiden.

✗ Sie können Ihre eigenen Forderungen und Wünsche annehmbarer verpacken, sodass Ihr Gegenüber sie leichter akzeptieren kann.

✗ Eine diplomatische Ausdrucksweise hilft Ihnen, eine unangenehme Nachricht leichter zu überbringen.

✗ Ihr Gegenüber kann ein negatives Feedback von Ihnen besser annehmen, wenn Sie Ihre Kritik in diplomatische Worte einbetten.

✗ Bei einer Meinungsverschiedenheit sorgt die Diplomatie dafür, dass alle Beteiligten einem Kompromiss leichter zustimmen können.

✗ Eine diplomatische Ausdrucksweise hilft Ihnen, ein Rededuell zu gewinnen, ohne dass Ihr Gegenüber auf der Strecke bleibt und sich wie ein Verlierer fühlt.

Ich mag die Diplomatie besonders gern, weil sie ein sehr vielseitiges Werkzeug ist. Sie können beispielsweise Ihre Kritik diplomatisch an den Mann oder an die Frau bringen. Sie fangen mit ein paar diplomatischen Worten an und anschließend geben Sie Ihrem Gegenüber ein kritisches Feedback, etwa so: »Ich bin wirklich froh, dass Sie die Quittungen und Belege schon mal gesammelt haben. Das ist ein guter Anfang. Und mit diesem ungeordneten Haufen, den Sie mir auf den Schreibtisch gelegt haben, kann ich so nichts anfangen. Ich brauche von Ihnen sortierte und auch nachvollziehbare Belege.«

So eine Kombination aus Diplomatie und Feedback ist konstruktiver, als wenn Sie nur sagen würden: »Das haben Sie falsch gemacht! Mit diesem Zettelhaufen kann ich nichts anfangen. Sortieren Sie den erstmal.« Solche harten Äußerungen machen es dem anderen schwer, in Zukunft kooperativ zu sein.

WIE SIE ETWAS UNANGENEHMES DIPLOMATISCH AUSDRÜCKEN

Denken Sie darüber nach, wie die unangenehme Botschaft genau lautet
Klarheit beginnt bei Ihnen, in Ihren Gedanken. Nehmen Sie sich einen Moment Zeit, um den Knackpunkt herauszuarbeiten. Nur wenn Sie sich im Klaren darüber sind, worum es bei der Sache genau geht, werden Sie auch die passenden Worte dafür finden.

Versetzen Sie sich in Ihr Gegenüber hinein
Tauschen Sie kurz – in Gedanken – die Rollen. Wenn Sie der andere wären, wie müsste man für Sie dieses Unangenehme formulieren, damit Sie das einigermaßen gut verkraften? Mit welchen Worten könnte man Ihnen die unangenehme Botschaft überbringen, ohne dass Sie gleich in eine Abwehrhaltung gehen und innerlich dichtmachen?

Auf diesem Wege finden Sie diplomatische Vokabeln und höfliche Formulierungen, die zu Ihnen und zu Ihrem Gegenüber passen.

Erweitern Sie Ihr diplomatisches Vokabular
Es ist völlig normal, dass wir uns im Laufe der Zeit eine bestimmte Ausdrucksweise angewöhnt haben. Wir benutzen im Alltag immer wieder die gleichen Redewendungen. Ihre üblichen diplomatischen Redewendungen, die Ihr Gegenüber von Ihnen kennt, können ziemlich abgedroschen klingen, wenn Sie damit etwas sehr Schlimmes oder sehr Unangenehmes ausdrücken wollen. In solchen Fällen ist es hilfreich, wenn Sie Ihre Ausdrucksweise verändern, genauer gesagt, wenn Sie anders reden, als Sie es normalerweise tun.

Hier einige Ideen, wie Sie sich diplomatisch ausdrücken können:

✘ Formulieren Sie eine Bitte.

✘ Machen Sie deutlich, dass das Ihre Ansichten sind. Sagen Sie Ihrem Gegenüber »Ich sehe die Sache so« statt zu sagen »Das ist so«.

✘ Sprechen Sie von sich und Ihren Gefühlen. Beispielsweise so: »Mir ist es peinlich.« Oder: »Ich fühle mich nicht wohl dabei.«

✘ Geben Sie zu, dass Sie einiges nicht wissen. (Ich weiß nicht, wie ich dir das am besten sagen soll. Ich weiß nicht, wie du reagieren wirst. Ich weiß nicht, ob es wirklich richtig ist, dir das zu sagen. Ich weiß nicht, wie es jetzt weitergeht.)

✘ Übernehmen Sie Verantwortung für das, was Ihr eigener Anteil an der Sache ist.

✘ Entschuldigen Sie Ihren Gesprächspartner, indem Sie deutlich sagen, dass Sie ihm nichts Böses unterstellen.

✘ Sagen Sie deutlich, was Sie sich wünschen oder was für Sie ein guter Weg oder eine gute Entwicklung wäre.

Vernebeln Sie die Botschaft nicht
Versuchen Sie nicht, durch viele Worte aus einer unangenehmen Botschaft die Unannehmlichkeit herauszudrehen.
Anders gesagt: Sie können Ihrem Gesprächspartner nicht
ersparen, dass er merkt, was los ist. Durch Ihre diplomatische Sprechweise zeigen Sie Respekt für die andere Person.
Aber der zentrale Punkt der Kommunikation ist und bleibt
die klare Botschaft und die eindeutige Information. Also
keine nebulösen Andeutungen.

Wenn es brennt, ist Schluss mit diplomatisch

Die Diplomatie zielt auf Wirkung ab. Sie setzt weniger darauf, frei nach Schnauze zu sprechen, so wie einem gerade
der Schnabel gewachsen ist. Nein, diplomatische Worte
sind gut überlegte Worte. Worte, die auch daraufhin abge-
klopft werden, wie sie beim anderen ankommen.

Wer also dieses Werkzeug benutzt, plappert nicht einfach drauflos. Genau da liegt auch die Grenze der Diplomatie. Wenn Sie blitzschnell, ohne lange zu überlegen,
etwas sagen wollen oder müssen, dann verzichten Sie auf
die diplomatischen Redewendungen. Ich denke da vor allem an Situationen, die brenzlig sind und bei denen keine
Zeit zu verlieren ist, wie etwa ...

- »Hände weg von der Pfanne! Die ist heiß!«
- »Pass auf, wo du hinfährst! Hinter dir steht ein Lkw!«
- »Zwei Mann sofort hierher. Los, schnell mit anpacken,
  sonst kippt das Regal um.«

Wenn das Schiff untergeht, das Haus brennt oder jemand verletzt ist, dann verzichten Sie auf die Diplomatie. In solchen Situationen wird klar und kurz kommandiert.

Du bist ein richtiges Ferkel

»ICH WILL HIER NICHTS ESSEN. Ich will lieber bei Jessica was essen.« Der kleine Timo hatte seine Gabel auf den Küchentisch geworfen und saß trotzig mit verschränkten Armen da. Seine Mutter war sauer, weil Timo schon wieder beim Essen gekleckert hat. Beim ersten Mal landete der Kartoffelbrei mit Soße auf seinem T-Shirt. Beim zweiten Mal rief seine Mutter verärgert »Pass gefälligst auf!«, aber da war es schon zu spät, alles platschte auf seine Hose. Die Mutter wurde richtig wütend. »Du bekleckerst dich schon wieder von oben bis unten! Beim Essen bist du ein richtiges Ferkel!«

Immer schimpfte seine Mutter beim Essen. Das mochte Timo überhaupt nicht. Deshalb wollte er nicht mehr zu Hause essen. Er wollte lieber bei Jessica essen. Die Mutter von Jessica war nicht so böse.

Nach dem Kindergarten durfte er manchmal zu Jessica gehen. Dort spielten die beiden zusammen. Wenn es dann etwas zu essen gab, bekam Timo auch was ab. Die Mutter von Jessica hat nie laut geschimpft, wenn man ein bisschen gekleckert hat.

Jessicas Mutter machte oft Witze. Einmal gab es Nudeln mit Tomatensoße. Bei Timo ist eine Nudel von der Gabel gerutscht und auf den Tisch gefallen. Da hat die Mutter von Jessica gesagt: »Heute sind die Nudeln aber wieder sehr zappelig. Ihr beide müsst eure Nudeln mit der Gabel fest aufspießen, damit sie nicht so zappeln und umherspringen.« Sofort haben Timo und Jessica jede Nudel ganz fest mit der Gabel aufgespießt. Das war lustig und es hat gut geklappt. Keine Nudel hat mehr gezappelt und keine ist runtergefallen. Timo und Jessica waren gute Nudel-Bändiger. »Habt ihr toll gemacht«, hat die Mutter von Jessica gesagt.

Timo tut ganz gern das, was die Mutter von Jessica zu ihm sagt, weil sie dabei witzig ist. Seine eigene Mutter schimpft viel öfter und dann wird Timo auch ganz böse. Und wenn er böse ist, will er das nicht tun, was seine Mutter sagt. Dann gibt es Krach und die Mutter schickt Timo gleich auf sein Zimmer.

Warum kann Timos Mutter nicht so lustig sein wie die Mutter von Jessica?

Lass mir meine Würde

Wenn Menschen herumkommandieren, ohne dass irgendetwas in Flammen steht, dann liegt es oft daran, dass sie innerlich in Flammen stehen, dass sie innerlich ausbrennen, weil sie gestresst sind. Oder sie beherrschen die diplomatische Ausdrucksweise nicht.

Der kleine Timo hat bereits gemerkt, was passiert, wenn die Diplomatie fehlt. Bei dem harten Tonfall seiner Mutter geht er in den Widerstand. Redet man aber humorvoll und nett mit ihm, dann tut er (meistens) das, was man ihm sagt.

Jessicas Mutter pflegt einen diplomatischen Umgangsstil. Sie entschuldigt zuerst die Kinder, bevor sie sie korrigiert. Am Herumkleckern sind nicht die Kinder schuld, sondern die zappeligen Nudeln. Und sie verbessert das kindliche Essverhalten, indem sie den Kindern gleich noch sagt, wie sie die Nudeln bändigen können.

Ihre Anweisungen kamen auf schuldfreien Sohlen. Da leistete Timo keinen Widerstand, er gehorchte gern.

Besonders Kinder sind empfänglich für Diplomatie. Und sie haben einen guten Instinkt dafür, ob man sie respektvoll behandelt. Auch schon sehr kleine Kinder reagieren positiv auf eine gute Mischung: einerseits die klare erwachsene Autorität, die Regeln und Grenzen setzt. Die sich aber andererseits einer diplomatischen Ausdrucksweise bedient und dem Kind damit seine Würde lässt. Diese Mischung aus Autorität und Diplomatie kommt bei Kindern gut an.

In den Familien, in denen ein diplomatischer Umgangston gepflegt wird, ist das tägliche Miteinander entspannter und verständnisvoller. Auch hier müssen manchmal klare Worte sein, aber insgesamt gibt es weniger Stress, weniger Krawall. Ganz nebenbei lernen die Kinder von ihren Eltern, wie man seine eigenen Interessen diplomatisch vertritt.

Das kann man auch netter sagen

So wie Sie sich eine Fremdsprache aneignen können, so können Sie auch die Sprache der Diplomatie erlernen.

Ich möchte Ihnen hier die wichtigsten diplomatischen Vokabeln vorstellen. Zugleich wird dabei noch deutlicher, wie Sie dieses Werkzeug in Ihrem Alltag anwenden können. Und Ihnen wird auffallen, dass Diplomatie und Höflichkeit nicht voneinander zu trennen sind.

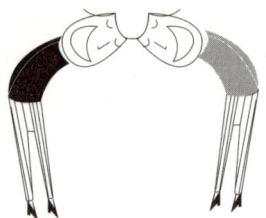

WIE SIE DIE PASSENDEN DIPLOMATISCHEN WORTE FINDEN

Eine Bitte formulieren, statt den anderen unter Druck zu setzen

Kaum etwas löst so schnell und so sicher Widerstand aus wie eine direkte Forderung. Fühlen Sie den Druck, der von diesen Sätzen ausgeht?

- »Los, schreib endlich mal ein paar Bewerbungen, damit du einen Job findest.«
- »Sie können nicht ewig darüber nachdenken. Sie müssen sich jetzt entscheiden.«
- »Ich verlange von dir, dass du dich in unserer Beziehung mehr engagierst.«

Wenn wir bedrängt werden, gehen wir fast automatisch in eine Abwehrhaltung. Unser inneres Nein ist eine Art Rettungsaktion für unsere eigene Würde. Nein, wir sind keine Sklaven, die sich etwas befehlen lassen. Vielleicht fehlen uns die Worte, um mit guten Argumenten dagegenzuhalten. Aber das spielt keine Rolle. Um uns zu widersetzen, brauchen wir keine Worte. Wir leisten einen passiven Widerstand gegen diese Tu-das-gefälligst-Forderungen.

Eine Bitte hingegen wirkt ganz anders als eine Forderung. Sie löst viel weniger Widerstand aus. In einer echten Bitte schwingt etwas mit, das man als freie Wahl bezeichnen könnte. Wer bittet, gibt seinem Gegenüber die Macht der Entscheidung. Bitte tu das für mich – damit wird an die Großzügigkeit des anderen appelliert. Wer bittet, signalisiert seinem Gegenüber: Ich respektiere dich.

Spüren Sie den Unterschied zwischen den beiden folgenden Sätzen?

- »Ich verlange, dass Sie mir erklären, wie diese Zahlen hier zustandekommen.«
- »Ich hätte da noch eine Bitte an Sie. Erklären Sie mir bitte, wie diese Zahlen hier zustandekommen.«

Fordern und Druck machen ist undiplomatisch. Dagegen ist eine Bitte viel sanfter. Natürlich heißt das nicht, dass Sie immer alles von anderen Menschen bekommen, wenn Sie darum bitten. Aber Sätze, die eine ehrliche Bitte enthalten, lösen bei Ihrem Gegenüber weniger Widerstand aus. Der andere geht nicht automatisch in eine Abwehrhaltung, weil er bedrängt wird. Er hat durch Ihre Bitte einen Freiraum bekommen und nun kann er überlegen, ob er Ihre Bitte erfüllen kann bzw. erfüllen will. Eine simple Bitte ist bereits eine diplomatische Vokabel.

Galant kommentieren, statt den anderen für sein schlechtes Benehmen zu tadeln
Machen wir uns nichts vor. Menschen benehmen sich manchmal komplett daneben. Da drängelt sich jemand vor, unser Gesprächspartner fällt uns andauernd ins Wort, Leute popeln in der Nase, während sie mit uns reden. Manche Zeitgenossen möchte man sofort zum Nachhilfeunterricht in eine Benimm-Schule schicken.

Die Seele des Menschen ist eben ein Gemischtwarenladen und einiges, was dort lagert, ist – diplomatisch ausgedrückt – nur bedingt genießbar. Aber so einfach hinnehmen möchten wir dieses schlechte Benehmen nicht. Gibt es hier diplomatische Vokabeln, die uns helfen?

Mit einem galanten Kommentar können wir unser Unbehagen einerseits ausdrücken, zugleich aber auch kanalisieren. Wir behandeln den anderen sanft und geben ihm die Chance, sein Verhalten zu ändern, ohne dass er dabei sein Gesicht verliert.

Da drängelt sich jemand vor im Supermarkt oder beim Einsteigen ins Flugzeug. Wie könnten Sie das galant kommentieren?

Hier ein paar Anregungen für Sie:

✗ »Verzeihen Sie, aber ich glaube, Sie haben mich gerade übersehen.«

✗ »Hoppla, Sie haben es aber eilig. Ich stehe vor Ihnen und werde mich auch beeilen. Dann kommen Sie hinter mir schnell dran.«

✗ »Oh, da stehe ich schon. Kann mal passieren, im Eifer des Gefechts.«

✗ »Ach, mir geht es wie Ihnen. Ich möchte auch, dass es hier schneller vorangeht.
Erlauben Sie, dass ich wieder vor Ihnen stehe?«

Beim Sprechen fällt uns unser Gesprächspartner immer wieder ins Wort. Kaum einen Satz können wir ohne Unterbrechung zu Ende bringen. Hier erfahren Sie, wie Sie sanft Einspruch erheben können:

✗ »Wahrscheinlich wollen Sie mich nicht unterbrechen. Sie sind einfach nur sehr schnell. Könnten Sie mich bitte ausreden lassen?«

✗ »Bei Ihrem Engagement komme ich kaum zu Wort. Bitte lassen Sie mich meine Sätze zu Ende sagen, bevor Sie weiterreden.«

✗ »Ich mag deinen Feuereifer beim Reden. Aber am schönsten ist es, wenn du mich ganz und gar ausreden lässt.«

Wenn Ihr Gegenüber bei einem Gespräch interessiert in seiner Nase herumbohrt, haben Sie es leicht. Sie können das Ganze ignorieren. Konzentrieren sie sich nur auf das Gespräch. Wenn Sie das nicht schaffen, sagen Sie etwas dazu. Ich empfehle auch hier einen diplomatischen Schonwaschgang.

✗ »Ja, ja, die Nase! Da erlebt man so manche Überraschung.«
✗ »Es heißt ja, wer sich an die Nase fasst, denkt gerade nach. Sie sind jetzt auch sehr nachdenklich.«
✗ »Ich kann das auch nicht ab, wenn man so ein Fremdkörpergefühl in der Nase hat.«
✗ »Brauchst du ein Taschentuch? Ich kann dir ein Papiertaschentuch anbieten.«

Positives Umdeuten, statt giftig zu kontern
Das Umdeuten ist das Kernstück der Diplomatie. Hier wird Wasser in Wein verwandelt, und aus Blei wird Gold gemacht. Alles Schlechte wird einfach anders verstanden. Denn in der Kommunikation gilt der elegante Grundsatz:

Es kommt nicht darauf an,
wie die Worte gemeint sind.
Es kommt darauf an,
wie die Worte von dem Gesprächspartner
verstanden werden.

Wer entscheidet, wie Sie etwas verstehen? Natürlich Sie! Sie entscheiden, wie Sie die Worte Ihres Gegenübers verstehen wollen. Sie entscheiden, was seine Worte zu bedeuten haben. Ihr Gehirn interpretiert die Laute, die der andere von sich gibt.

Egal, wie Ihr Gegenüber das gemeint hat, Sie deuten seine Worte so, wie Sie wollen. Und natürlich sind Sie nett zu sich selbst. Sie wählen eine stressfreie Deutung. Sie interpretieren die Worte Ihres Gesprächspartners in eine positive Richtung. Warum Sie das tun? Die reine Freude am Leben. Sie wollen ein Happy End und keinen verbalen Krieg. Sie wollen Kooperation und keine Zwietracht. Sie möchten ein erfreuliches Miteinander und keine fiesen Stänkereien.

Stellen Sie sich folgende Situation vor:

Sie treffen Ihre Nachbarin im Treppenhaus. Die Frau ist sichtlich aufgeregt und faucht Sie gleich an. »Ich möchte mal wissen, wer hier den ganzen Dreck ins Haus trägt. Nun gucken Sie sich mal die Treppe an, wie die aussieht. Überall Straßendreck. Und Sie haben sich auch nicht die Schuhe abgeputzt. Man muss sich ja schämen, hier zu wohnen.«

Jetzt haben Sie eine echte Chance, das Ganze positiv umzudeuten. Was macht die Nachbarin da, im positiven Sinne? Sie kümmert sich um die Sauberkeit im Treppenhaus. Und das ist gut. Die Art, wie sie diese Sauberkeit einfordert, ist jetzt nicht gerade sehr motivierend, aber ihr Anliegen ist im Prinzip zu begrüßen. Und genau das können Sie der Frau auch sagen.

Ihre diplomatische Antwort kann jetzt so lauten: »Mir geht es wie Ihnen, Frau Meier. Ich mag auch lieber ein sauberes Treppenhaus. Und Ihnen ist es wichtig, wie es hier aussieht. Das finde ich gut. Ich persönlich finde es im Moment nicht so dreckig. Aber da haben Sie offenbar ein anderes Sauberkeitsgefühl als ich.«

Mit dieser Antwort werden Sie die Nachbarin nicht in ein sanftmütiges Häschen verwandeln. Aber Sie deuten ihre Beschwerde in eine positive Richtung. Ihre Nachbarin will etwas Gutes erreichen und nicht bloß herumstänkern. Sie zeigen der Nachbarin, dass Sie nicht prinzipiell gegen sie sind. Zugleich machen Sie auch deutlich, dass Sie ihr in diesem konkreten Fall nicht zustimmen. Sie widersprechen ihr, ohne einen Streit anzufangen. (Den Schlenker, den die Nachbarin gemacht hat, »Und Sie haben sich auch nicht die Schuhe abgeputzt«, können Sie ignorieren. Sie müssen nicht auf alles eingehen, was Ihr Gegenüber sagt.)

Wie wird die Nachbarin darauf reagieren? Das überlassen Sie ihr. Sie haben Ihren Teil erledigt. Ihre Antwort war diplomatisch und damit haben Sie Ihren Respekt gezeigt. Was die Nachbarin damit jetzt anfängt, liegt nicht in Ihrer Hand. Sie können Ihre Nachbarin nicht kontrollieren, nach dem Motto: Ich war so diplomatisch und jetzt müssen Sie auch nett zu mir sein. Nein, lassen Sie die Nachbarin so sein, wie sie sein will.

Sobald Sie sich entscheiden, nur Freundlichkeit, Besorgnis oder Engagement aus den Worten des anderen herauszuhören, können Sie gelassen bleiben und eine freundliche Antwort geben.

Wie gesagt, Sie entscheiden, wie Sie eine Bemerkung verstehen wollen.

Nein und nochmals Nein!

Gerade für diejenigen, die sich mehr Selbstsicherheit wünschen, ist das Werkzeug der Diplomatie sehr nützlich. Wer sich nicht traut, seine eigenen Wünsche und Bedürfnisse zu äußern, dem fällt es meistens auch schwer, Nein zu sagen. Wer nicht nein sagen kann, kann anderen Menschen keine angemessenen Grenzen setzen.

Auch ich leide von Zeit zu Zeit unter dieser Nein-sagen-Störung. Ich habe gemerkt, dass ich mich scheue, einen anderen Menschen zurückzuweisen. Und irgendwie verbinde ich mit dem Neinsagen eine Zurückweisung. Wenn meine Selbstsicherheit gerade im Keller ist, sage ich zu oft und zu viel Ja und später darf ich mich über mich selbst ärgern, dass ich schon wieder zugesagt habe, obwohl ich die Sache (den Termin oder die Arbeit) doch eigentlich ablehnen wollte.

In solchen Momenten hilft mir eine kurze Besinnungspause, in der ich mich sammeln kann. Allein, ohne einen Gesprächspartner, geht es für mich nur um eine Frage: Was ist für mich das Richtige? Was will ich eigentlich? Und wenn ich merke, dass ich Nein sagen möchte, mich aber gleichzeitig gehemmt oder unsicher fühle, hole ich mein diplomatisches Werkzeug aus der Tasche.

Die diplomatische Rhetorik sorgt dafür, dass ich eine Ablehnung leichter aussprechen kann. Ich traue mich eher, Nein zu sagen, wenn ich mein Nein in eine freundliche Watte packen kann. Es ist immer noch ein Nein, aber die Diplomatie sorgt dafür, dass die Zurückweisung einen begrenzten Bereich betrifft, nämlich die Sache, um die es geht, und nicht die Person. Ich will den Fragesteller nicht persönlich abweisen, sondern nur seine Bitte ablehnen.

Was dabei herauskommt, ist ein rhetorischer Doppeldecker: ein Ja zur Person und ein Nein zur Sache.

Hier kommen ein paar Anregungen für Sie, wie Sie so einen Doppeldecker in Worte fassen können.

SO KÖNNEN SIE IHR NEIN DIPLOMATISCH VERPACKEN

✗ Legen Sie, bevor Sie etwas sagen, eine kurze Besinnungspause ein, um festzustellen, was Sie selbst wollen. Wenn Sie merken, dass Sie Nein sagen wollen, dann geben Sie sich im Stillen die Erlaubnis, das zu tun.

✗ Achten Sie bei aller Diplomatie auch darauf, dass Ihr Nein deutlich hörbar ist.

Hier ein paar diplomatische Vokabeln, mit denen Sie deutlich machen, dass Sie die Person respektieren, aber zugleich auch Nein sagen.

✗ »Ich kann mir gut vorstellen, dass du dabei Hilfe brauchst. Und ich kann dir am Wochenende nicht helfen. Die beiden Tage habe ich schon anderweitig verplant.«

✗ »Toll, dass du dabei an mich gedacht hast. Im Prinzip mache ich gerne mit. Nur dieses Mal geht es bei mir nicht. Schade. Aber es wäre schön, wenn du mich weiterhin auf'm Zettel hättest.«

✗ »Es fällt mir schwer, das jetzt zu sagen, denn ich will dir auf keinen Fall wehtun. Aber ich habe mich entschieden. Ich möchte mich nicht mehr mit dir treffen.«

✗ »Sie haben recht. Die neue Software ist anfangs etwas

verwirrend. Und es ist nett, dass Sie mich fragen, ob ich Ihnen helfen kann. Leider kann ich Ihnen nicht dabei helfen, denn ich bin mit anderen Aufgaben vollkommen ausgelastet. Ein Vorschlag: Sie sammeln Ihre Fragen und wir reden übermorgen darüber.«

✗ »Ja, aus Ihrer Sicht ist das sicherlich eine einmalige Chance. Für mich sieht die Sache anders aus und deshalb werde ich das Ganze ablehnen. Trotzdem: Danke schön, dass Sie mich gefragt haben.«

Sie müssen an Ihr Nein keine ausführlichen Erklärungen hängen. Allzu viel Text wirkt, als würden Sie versuchen, sich zu rechtfertigen. Das wäre dann ein guter Grund für Ihren Gesprächspartner, gegen Ihr Nein anzugehen.

Oft steckt hinter einer langen Erklärung die Hoffnung, der andere würde uns verstehen und unser Nein akzeptieren, wenn wir unsere Gründe ganz ausführlich darlegen.

Aber es ist nicht nötig, dass der Gesprächspartner unser Nein absegnet. Wir brauchen in solchen Situationen vor allem unser eigenes Verständnis und unser eigenes Okay zu dem, was wir wollen und was wir nicht wollen.

Mein Mann rülpst beim Essen

Vor einem Jahr haben wir geheiratet und bisher verlief unsere Ehe sehr harmonisch. Es gibt aber etwas an meinem Mann, das mich stört. Nach dem gemeinsamen Essen fängt mein Mann an, zu rülpsen. Er rülpst ganz ungeniert und laut, während wir noch am Tisch sitzen. Das hat erst angefangen, nachdem wir verheiratet waren. Ich meine, dass das sehr lieblos mir gegenüber ist. Ich würde ihm gern deutlich sagen, dass ich sein Rülpsen nicht mag. Aber ich möchte keinen Krach deswegen. Wie kann ich meinem Mann schonend beibringen, dass er damit aufhören soll?

ICH KANN GUT VERSTEHEN, DASS SIE DIESE ART VON GERÄUSCH-KULISSE AM ESSTISCH NICHT MÖGEN. Aber ich würde nicht gleich davon ausgehen, dass Ihr Mann sich Ihnen gegenüber lieblos verhält. Vorab muss ich zugeben, dass ich zu diesem Fall einen Mann befragt habe. Und dieser Mann hat zu mir gesagt, dass sein eigenes Rülpsen immer ein Zeichen dafür ist, dass er sich ganz wie zu Hause fühlt und sich einfach entspannt. Wörtlich hat er zu mir gesagt:»So ein Bäuerchen bedeutet einfach nur, da ist Luft im Magen und die will raus.« Also, vielleicht ist das Rülpsen keine Lieblosigkeit, die gegen Sie gerichtet ist. Dennoch: Mich würde das auch stören und Störungen sind wie Luft im Magen, die wollen auch raus. Also sprechen Sie das an, was Sie stört.

MEIN TIPP: SAGEN SIE IHREM MANN, DASS SIE SICH DESWEGEN NICHT MIT IHM STREITEN WOLLEN. Und dass Sie lange nachgedacht haben, wie Sie das Thema ansprechen können. Damit zeigen Sie Ihrem Mann, wie wichtig Ihnen eine harmonische Ehe ist. Aber entscheidend ist, dass Sie klar sagen, was Sie stört. Machen Sie ihm keine Vorwürfe und verbieten Sie ihm auch nichts. Bitten Sie ihn, mit dem Rülpsen aufzuhören, solange Sie gemeinsam am Tisch sitzen. Und dann fragen Sie Ihren Mann, ob es umgekehrt auch etwas gibt, das ihn stört. Also, ob er Sie im Gegenzug auch um etwas bitten möchte. Denn eine harmonische Ehe ist eine Partnerschaft, in der nichts unter den Teppich gekehrt wird und in der beide offen sagen können, was sie mögen und was sie nicht mögen.

Schluss mit dem Zuckerbrot!

Wenn ich in einem Vortrag ausführlich die Vorzüge der Diplomatie darlege, regt sich im Publikum manchmal, wenn ich Glück habe, ein wenig Widerstand. Jemand meldet sich zu Wort und spricht das aus, was in diesem Moment wahrscheinlich viele Zuhörer denken.

»Frau Berckhan, ich finde, man muss doch auch deutlich sagen können, was Sache ist. Man kann doch nicht immer diplomatisch verschnörkelt daherreden. Ich will jedenfalls auch die Wahrheit sagen, direkt und ohne großes Rumgesülze.«

An dieser Stelle gibt es spontanen Beifall.

Gerade habe ich das süße und sanfte Werkzeug der Diplomatie intensiv gelobt und jetzt leiden meine Zuhörer an einer akuten Überzuckerung. Sie wollen nach dieser Süßspeise etwas Pikantes, gern auch was Bissiges. Ja, jetzt ist die andere Seite dran.

Also wenden wir uns der Direktheit zu. Reden wir über die deutliche, schnörkellose Aussprache, über die schonungslose Wahrheit.

Rede nicht um den heißen Brei herum

Eine direkte, klare Aussprache ist kein Gegensatz zur Diplomatie. Die diplomatische Sprechweise ist eine klassische Und-Rhetorik. Sie können diplomatische Stilelemente und schnörkellosen Klartext wunderbar miteinander kombinieren.

Stellen Sie sich ein Sandwich vor: Oben und unten jeweils ein Stück Brot, in der Mitte der Belag. Die Diplomatie ist jetzt wie das Brot, das den Belag in der Mitte trägt und umhüllt. Die Direktheit wird eingebettet in eine diplomatische Klammer.

Damit Sie sich vorstellen können, wie das klingt, habe ich hier drei dieser diplomatischen Klammern aufgelistet.

SO KÖNNEN SIE DIREKTHEIT UND DIPLOMATIE MITEINANDER VERBINDEN

»Ich rede jetzt drauflos und will dir damit nicht wehtun.«
Sie wollen unverblümt über ein Ärgernis reden oder jemandem deutlich sagen, womit sie nicht einverstanden sind. Fangen Sie mit einer diplomatischen Eröffnung an, etwa so:

✗ »Ich möchte dir das jetzt unumwunden sagen. Bitte hör mir einfach nur zu.«

Damit signalisieren Sie dem anderen, dass Sie jetzt einfach drauflosreden und nur seine Aufmerksamkeit brauchen. Wenn Sie fertig sind, schließen Sie das Ganze mit einem diplomatischen Satz ab:

✗ »Ich wollte dich nicht verletzen, sondern ich will dir nur zeigen, was bei mir los ist.«

Die unangenehme Botschaft in der Mitte kann Ihr Gegenüber besser verdauen, wenn sie diplomatisch umrandet wurde. Denn dieser diplomatische Rand dämpft den Aufprall der schnörkellosen Direktheit.

»Was mir so durch den Kopf geht.«
Sie möchten einer anderen Person, die Sie nicht gut kennen, etwas Persönliches sagen oder sie etwas Persönliches

fragen. Aber damit würden Sie diesem Menschen zu nahe treten. Sie können direkt auf das Thema zusteuern, wenn Sie einen diplomatischen Kniff anwenden. Drücken Sie das, was Sie sagen wollen, indirekt aus, indem Sie es als Gedankengang kennzeichnen. Etwa so:

✘ »Ich habe darüber nachgedacht, ob ich Sie einfach wegen der Einladung ansprechen kann.«
✘ »Mir geht gerade durch den Kopf, dass ich Sie eigentlich schon die ganze Zeit etwas fragen wollte, und zwar wollte ich wissen ...«
✘ »Ich sag jetzt mal, was mir dazu durch den Kopf geht. Ich denke darüber nach, ob Sie vielleicht ...«

Sie sprechen in einer Rolle oder Funktion
In manchen Rollen und Funktionen können wir die Dinge direkter beim Namen nennen. Ich coache hin und wieder ganze Abteilungen oder Teams in einer Firma. Die Mitarbeiter schildern mir, wo bei ihnen der Hund begraben liegt, und dabei benutzen sie oft eine sehr diplomatische Sprache. Sie nehmen viel Rücksicht auf ihre Kollegen und auf ihre Vorgesetzten. Manchmal ist das Ganze so diplomatisch formuliert, dass ich sehr viel zwischen den Zeilen heraushören muss, um den Knackpunkt zu erfassen.

Wenn ich das Ganze verstanden habe, formuliere ich diesen Knackpunkt sehr direkt und undiplomatisch. Einfach um zu überprüfen, ob ich alles richtig verstanden habe. Um niemanden auf den Schlips zu treten, schlüpfe ich in eine Rolle. Das klingt dann so:
»Wenn ich hier Mitarbeiterin wäre und bei Ihnen im Team arbeiten würde, käme ich auf diesen Gedanken: Nein Leute, nicht noch mehr Gequatsche, das hatten wir doch

schon, das bringt nix. Aber das würde ich nicht laut sagen, sondern nur denken. Als Trainerin und Coach würde ich das anders ausdrücken. Ich würde sagen, hier existiert ein großer Handlungsbedarf.«

Eine bestimmte Rolle, die Sie sich selbst heraussuchen können, erlaubt es Ihnen, einen Klartext zu reden, der vielleicht zu drastisch oder zu unhöflich wäre, wenn Sie ihn als »normaler Mensch« aussprechen würden. Sie können die Dinge deutlicher beim Namen nennen, indem Sie sich selbst rhetorisch ein Schild umhängen, auf dem steht: Ich spreche jetzt mal als ... und dann nennen Sie die Rolle, in die Sie kurz schlüpfen.

Zweifellos gibt es immer wieder etwas, das Sie von einem anderen Menschen trennt: andere Meinungen, unterschiedliche Interessen, gegensätzliche Lebensstile, abweichende Manieren. Mithilfe dieses Werkzeugs setzen Sie die Verbindung zu Ihrem Gegenüber an die erste Stelle. Das Trennende und das Störende kann verhandelt werden in einem Rahmen, der aus Respekt besteht.

Darüber hinaus sorgt die Diplomatie für einen niedrigen Stresspegel. Und manchmal ist bereits das eine große Erleichterung. Wir können uns streiten, aber wir können das Ganze auch anders besprechen – eben diplomatisch.

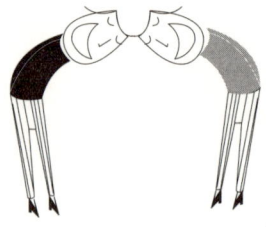

ZUSAMMENFASSUNG

✗ Die Diplomatie hilft uns dabei, auch bei Meinungsverschiedenheiten die Verbindung zu unserem Gegenüber aufrechtzuerhalten.

✗ Die diplomatische Redeweise sorgt dafür, dass wir die schlechten Manieren unserer Mitmenschen sanft abfedern können, ohne dabei giftig zu werden.

✗ Die Diplomatie ist eine Strategie der Überlegenheit. Mit ihrer Hilfe können wir unseren Standpunkt souverän vertreten, ohne dass der andere zum Verlierer gemacht wird.

✗ Wir können eine unangenehme Nachricht leichter überbringen, wenn wir sie diplomatisch verpacken.

✗ Die Diplomatie ist eine klassische Und-Strategie. Wir können Grenzen setzen, ein Nein aussprechen, die Wahrheit sagen und das Ganze diplomatisch umranden.

Die Grundsätze der Kommunikation

Unsere Aufmerksamkeit geht dorthin,
wo es attraktive Reize gibt.
Wenn etwas sehr fade und eintönig ist,
driftet unsere Aufmerksamkeit weg.

Sie können bestimmen, was Sie sagen,
aber Sie können nicht bestimmen,
wie Ihr Gesprächspartner darauf reagiert.

Keine Kooperation ohne Kontakt.

Zuerst der Mensch, dann die Sachen.

Die Bestätigung eröffnet einen Freiraum,
in dem sich alles ändern kann.

Es kommt nicht darauf an,
wie die Worte gemeint sind.
Es kommt darauf an,
wie die Worte von dem Gesprächspartner
verstanden werden.

Schlusswort

Es ist unsere eigene Erwartungshaltung, die uns das Leben und das Reden mit anderen Menschen schwer macht. Wir haben Erwartungen, wie sich unsere Mitmenschen benehmen müssten, was sie sagen und tun sollten. Und jedes Mal sind wir enttäuscht oder verärgert, wenn jemand nicht das sagt, was wir hören wollen, oder wenn er nicht das tut, was wir erwarten. Dann glauben wir, es läge am anderen. Der Betreffende ist schwierig und er sollte sich gefälligst ändern, damit er unseren Ansprüchen genügt.

Die Wahrheit ist, dass unsere Mitmenschen sich so benehmen, wie es ihnen gemäß ist, und nicht so, wie wir es gerne hätten.

Wir können uns die Kommunikation mit anderen Menschen enorm erleichtern, indem wir unsere Ansprüche runterschrauben und unsere Erwartungen loslassen. Letztlich geht es darum, andere Menschen einfach anders sein zu lassen. Und damit erlauben wir uns selbst, die Person zu sein, die wir gerade sind. Wenn unser Gegenüber – in seinem ganzen Anderssein – für uns okay ist, dann sind wir es auch. Dann befinden wir uns an dem Ort, an dem wir wirklich miteinander reden können.

Ich wünsche Ihnen dabei von Herzen alles Gute.

Literatur

Bücher zum Thema Kommunikation

Berckhan, Barbara: *Einfach selbstsicher. Das Soforthilfe-Programm für mehr Gelassenheit und Souveränität.* München 2007

Berne, Eric: *Spiele der Erwachsenen: Psychologie der menschlichen Beziehungen.* Reinbek bei Hamburg, 11. Aufl. 2002

Berne, Eric: *Was sagen Sie, nachdem Sie »Guten Tag« gesagt haben? Psychologie des menschlichen Verhaltens.* Frankfurt/M. 1983

Buber, Martin: *Das dialogische Prinzip: Ich und Du. Zwiesprache. Die Frage an den Einzelnen. Elemente des Zwischenmenschlichen. Zur Geschichte des dialogischen Prinzips.* Gütersloh, 10. Aufl. 2006

Goleman, Daniel: *EQ. Emotionale Intelligenz.* München 1997

Rosenberg, Marshall B.: *Gewaltfreie Kommunikation. Eine Sprache des Lebens.* Paderborn, 6. veränd. Aufl. 2007

Roth, Gerhard: *Persönlichkeit, Entscheidung und Verhalten. Warum es so schwierig ist, sich und andere zu ändern.* Stuttgart, 5. Aufl. 2008

Schlegel, Leonhard: *Die Transaktionale Analyse.* Stuttgart, 4. Aufl. 1995

Schulz von Thun, Friedemann: *Miteinander reden, 1. Störungen und Klärungen.* Reinbek bei Hamburg 1981

Schulz von Thun, Friedemann: *Miteinander reden, 2. Stile, Werte und Persönlichkeitsentwicklung.* Reinbek bei Hamburg 1989

Schulz von Thun, Friedemann: *Miteinander reden, 3. Das »Innere Team« und situationsgerechte Kommunikation.* Reinbek bei Hamburg 2010

Tannen, Deborah: *Du kannst mich einfach nicht verstehen. Warum Männer und Frauen aneinander vorbeireden.* München 2004

Tannen, Deborah: *Lass uns richtig streiten. Warum Frauen immer widersprechen und Männer nur sich selbst zuhören*. München 2004

Thomann, Christoph: *Klärungshilfe 2. Konflikte im Beruf: Methoden und Modelle klärender Gespräche*. Reinbek bei Hamburg, 4. Aufl. 2004

Watzlawick, Paul; Beaven, Janet H.; Jackson, Don D.: *Menschliche Kommunikation. Formen, Störungen, Paradoxien*. Bern, 11. Aufl. 2007

Weitere Bücher von Barbara Berckhan bei Kösel

Berckhan, Barbara: *Jetzt reicht's mir. Wie Sie Kritik austeilen und einstecken können*. München, 2. Aufl. 2009

Berckhan, Barbara: *Judo mit Worten. Wie Sie gelassen Kontra geben*. München, 4. Aufl. 2008

Berckhan, Barbara: *Sanfte Selbstbehauptung. Die 5 besten Strategien, sich souverän durchzusetzen*. München 2008

Berckhan, Barbara: *Sanfte Selbstbehauptung (Hörbuch)*. 2 CDs, München 2006

Website der Autorin:
www.barbara-berckhan.de